59FIFTY®
New Era Japan GK 03-5773-6733 neweracap.jp
©2015 New Era Japan GK
Major League Baseball® trademarks and copyrights are used with permission of Major League Baseball Properties, Inc. Visit MLB.com
FLY YOUR OWN FLAG®
NEW ERA

TESTED TOUGH
IN OREGON, USA
WHERE 1 OUT OF 4 NEW YORKERS
MAKE IT OUT ALIVE.
TESTED TOUGH
PORTLAND, OREGON · USA
都会暮らしが逃げ帰る
タフな環境でも
快適さを提供するシェル。
過酷な高所登山に対応するハイパフォーマンスシェル。強度が高く、軽量でストレッチ性のある３レイヤー防水透湿性素材を採用。厳しい自然環境から身体をプロテクトし、快適性に保ちます。
Tallest Mountain™ Jacket
PM5945　本体価格 ¥46,000（+税）
Columbia
株式会社コロンビアスポーツウェアジャパン　〒160-0022 東京都新宿区新宿6-27-30 新宿イーストサイドスクエア 7F お問い合わせ:フリーコール 0120-193-821　受付時間:月～金10:00～12:00、13:00～18:30(土日祝休み)

Movilist®

目的地を愉しむのもいいが

移動している時間が好きだ

絶え間なく入り込む情報を遮断し

感じるセンサーを開ける

しっかりと自分と向き合う

が

車窓から眺める移りゆく景色のお陰で

気持ちは舞い上がり

ポジティヴな気持ちになり

素晴らしいアイデアが浮かび

なにより

人生に於いて大事な

「気付き」をもたらせる

大事なのは

情報Informationでなく知恵Wisdom

だと

1950年代、本を携え、アメリカで移動し、創作したビートニクス

2010年代、小型コンピュータを携え、世界を移動するムーヴィリスト

ON THE ROAD AGAIN!!

同じ想いを持った「個」

そんなTouristでない旅の達人をMovilistと呼びたい

Movilistいう視点による旅、そして、ライフスタイルを提案する雑誌

それが『Movilist』です

山崎二郎（『Movilist』編集長）

ITEM FOR MOVILIST

Selected by YOSHIKAGE KAJIWARA

ガジェットへの造詣が深い梶原由景さんに、
旅や移動におススメのアイテムを選んでいただきました。

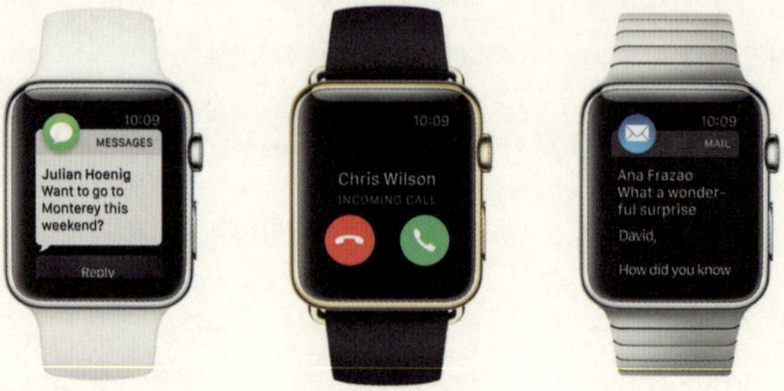

01

「Apple Watch」

「Apple Watch 42mm」(66,800yen)(税抜)
〈アップル〉 〈Apple Store〉コールセンター
tel.0120-993-993 www.apple.com/jp/watch

一企業の枠を超えプロダクトをリリースする度、常に世の中の風景を変えてきた〈アップル〉。彼らが提案するウエアラブル端末は意外なほど真っ当に「時計」だった。その「Apple Watch」は「iPhone」の子機として非常に優秀。移動中に交通機関の中でいちいちポケットやバッグから「iPhone」を出さずとも通知によってメールやメッセージなどの確認が出来る。ちょっとしたことだが、これが意外に便利なのだ。またヘルス&フィットネス機能に限っても従来の「スマート・ウォッチ」を軽く凌駕するなど、このジャンルを再定義するほどの完成度を見せている。今後の進化も楽しみ。(梶原)

梶原由景 / かじわらよしかげ
クリエイティブ・コンサルティングファーム〈LOWERCASE〉代表。元〈BEAMS〉クリエイティブ・ディレクター。現在はファッションやデジタルなど、幅広い業種におけるブランディングとコンサルティングを数多く手がけている。

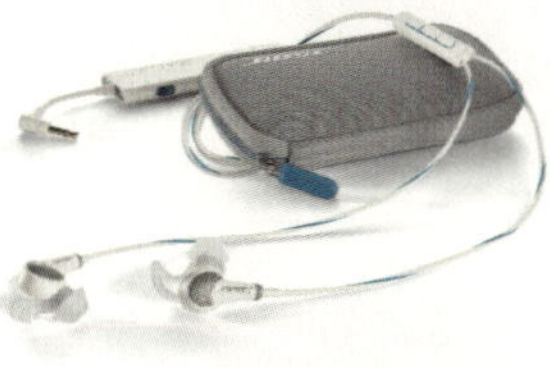

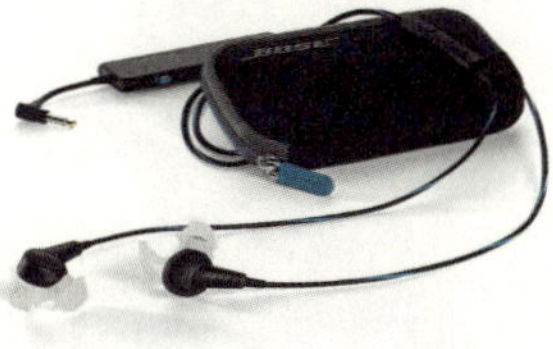

02

「Bose® QuietComfort® 20」

「Bose® QuietComfort® 20」(35,000yen)(税抜)
〈Bose〉www.bose.co.jp/QC20BW

移動中にストレスを溜めないことが旅を快適に過ごす極意でもある。国際線の機内は常にノイズに溢れている。このノイズに長時間身を晒すことが意外なストレスとなる。僕は基本的に機上の人となるとすぐ〈Bose〉の「QuietComfort® 20」を装着する。機内で提供されるエンターテインメントはもちろん、「iPhone」に入れた音楽を楽しむ際にも使うし、何もしない場合もはずさない。常にノイズ軽減だ。アラウンド・イヤー・タイプの「QuietComfort® 25」に比べ就寝時などに負担が少なく、音質も流石〈Bose〉。まさに必携のツールなのである。(梶原)

03

「目もとエステ〈リフレタイプ〉」EH-SW30

「目もとエステ〈リフレタイプ〉」EH-SW30（オープン価格）
〈パナソニック〉 tel. 0120-878-365　panasonic.jp/face/products/EH-SW30

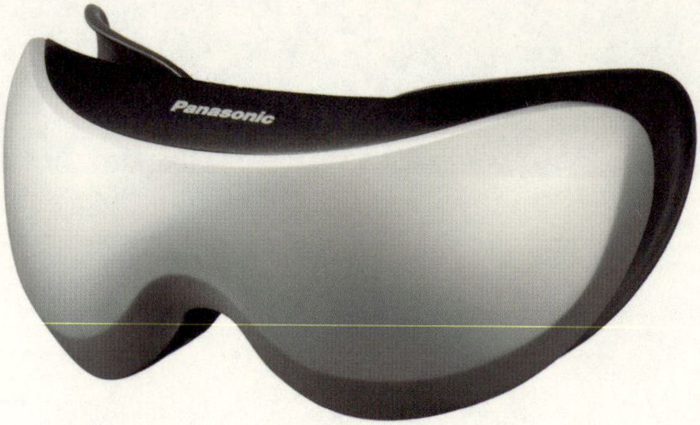

国際線の機内は乾燥する。以前はポータブル・タイプの加湿器を持ち込んだことすらあるが、最近は眼の乾燥がピン・ポイントで問題であることに気づき、様々な対策を施している。〈パナソニック〉の「目もとエステ」は、前のモデルを持っていて、液晶画面に疲れた場合に使用すると驚くほどリフレッシュできるので愛用している。ただ携帯するにはちょっと大きい。この〈リフレタイプ〉はスチームでのリフレッシュに特化していて、コンパクトなので旅行にも持っていけそうだ。男性にも抵抗のない、いかにも美容家電然としていないカラー・ヴァリエーションがあるのもいい。（梶原）

04

「α7」

「α7」(オープン価格)
〈ソニー〉 tel.0120-777-886
(携帯電話・PHS・一部のIP電話からは050-3754-9555)
www.sony.jp/ichigan/introduction/a7

今日スマホのカメラ機能の充実振りには目を見張るものがある。「iPhone」で撮影した画像を使用した一連の広告キャンペーンも、正直一昔前では考えられない驚愕のクオリティだ。つまり、いわゆるコンデジと言われるデジタル・カメラをわざわざ持つ必要はなくなった。あえて持つならまだスマホでは得られない結果が得られるカメラ、つまりデジタル一眼となる。小型・軽量フルサイズ・ミラーレス一眼カメラ、「α7」は性能とサイズのバランスが素晴らしい。例えば、撮影した画像は即スマホに転送できるなど、〈ソニー〉ならではの先進機能の数々も機動力を向上させる。(梶原)

ITEM FOR MOVILIST

Selected by JIRO YAMAZAKI

小誌『Movilist』編集長の山崎二郎がおススメする、
旅や移動のアイテムをご紹介

05

〈アクア〉ハンディ洗濯機「コトン」

〈アクア〉ハンディ洗濯機「コトン」（10,000yen）（税抜）
〈ハイアールアジア〉aqua-has.com/coton
〈A by A.com〉abya-store.com

僕、粗相をしてしまっての、食べこぼし多いんです。なので、いつもウェット・ティッシュを持ってます。だけど、気に入った服にこぼすことがあって……。そこで画期的なのが、〈アクア〉ハンディ洗濯機「コトン」。本体にセットした水が、細いヘッドから噴射しながらたたいて汚れを落とし、最短約30秒で、汚れを服の下に置いたキッチン・ペーパーに押し出してしまう構造。176mm、約200gの軽量サイズで、カラーもスカーレット・オレンジ、チタン・ゴールド、コーラル・ピンクというヴァリエーションも嬉しい。（山崎）

06

〈karrimor〉のキャリー・ケース「clamshell」

「clamshell 80 [クラムシェル 80]」(25,000yen)(税抜)
「clamshell 40 [クラムシェル40]」(22,000yen)(税抜)
※共に2色展開
〈karrimor〉 www.karrimor.jp

アルピニズム発祥の国、イギリスのアウトドア・ブランド〈Karrimor〉から、耐久性・機能性を取り入れてデザインされたキャリー・ケース「clamshell」が登場。ガジェット類を分類・収納できるメッシュ・ポケットなど、機能的な内蔵は超便利。デザインがシンプルなため、トラヴェル・シーンだけでなくビジネス・シーンでも使えそう。長期の旅行にも対応する80ℓサイズと、機内持ち込みが可能な40ℓサイズの2タイプ。更に！　背負えるキャリー・ケース「airport pro」も登場。さすが〈karrimor〉、どんな環境にも順応してくれる。(山崎)

CHRISTIAN STADIL

クリスチャン・ステーディル

1

1 /【AFGHANISTAN】今から19年前に、カルマ哲学についての本を書きました。これはコア・ビジネスにおいて前向きな変化をもたらすことと善行を結びつけた考え方で、私がオーナーを務めるデンマークのスポーツ・ブランド〈hummel（ヒュンメル）〉で は、「Change the World Through Sport」（スポーツを通して世界を変える）というミッションでそれを実現しています。例えば、サポートをしているアフガニスタン。西欧諸国では当たり前のスポーツを楽しむということさえ、アフガニスタンでは難しく、特に女性はスポーツをするだけで処罰の対象になっていました。このような状況の中、〈ヒュンメル〉は10年にアフガニスタン女子代表とNATO軍の親善マッチを企画しました。戦争の真っ只中で、女性にも男性と同じ権利があり、サッカーを楽しめるのだというニュースが世界中に報道されました。いわば、サッカーの試合で暗闇に灯りをともすことができたのだと思います。

CHRISTIAN STADIL / クリスチャン・ステーディル

71年生まれ。99年、〈ヒュンメル・ファッション〉を立ち上げ、ブランド・イメージを一新。〈ヒュンメル・インターナショナル〉社のオーナーであり、その親会社〈THORNICO(トルニコ)〉のオーナーとしても海運・食品・科学技術などに携わる。04年、「スカンジナビアで最も注目されたビジネスマン」の1人に選ばれた。著書に『デンマークに学ぶ発想力の鍛え方』(共著・14年〈クロスメディア・パブリッシング〉)がある。

[web] www.christianstadil.com

[facebook] www.facebook.com/ChristianNicholasStadil

[Instagram] instagram.com/christian_stadil

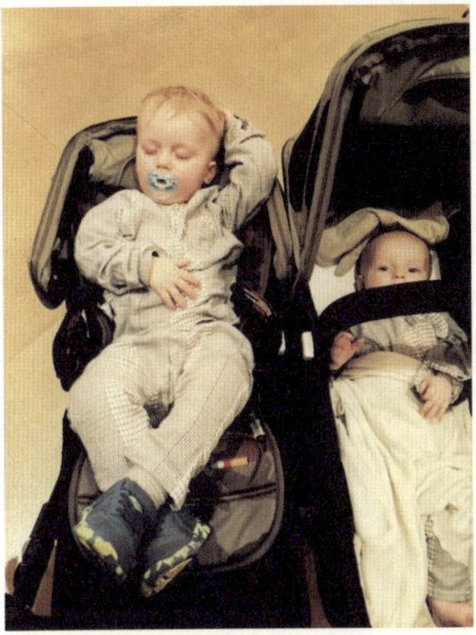

2 / 【Movilist】ビジネスやプライヴェートでいろんな国へ行くことがありますが、目的地同様、そこまでの道のりが重要だと思っています。その時の移動手段が何であれ、いつもその時間を楽しもうと思っています。妻や息子たちと過ごす時間は、どこであれとても愛しいものですが、特に家族との旅行はそうですね。アフリカやアジアへ旅しましたが、まだ小さく、エネルギーあふれる子どもたちにとっては、長時間の移動はとてもタフなものになってしまいます。移動を楽しむことは子どもたちがより教えてくれたことかもしれません。

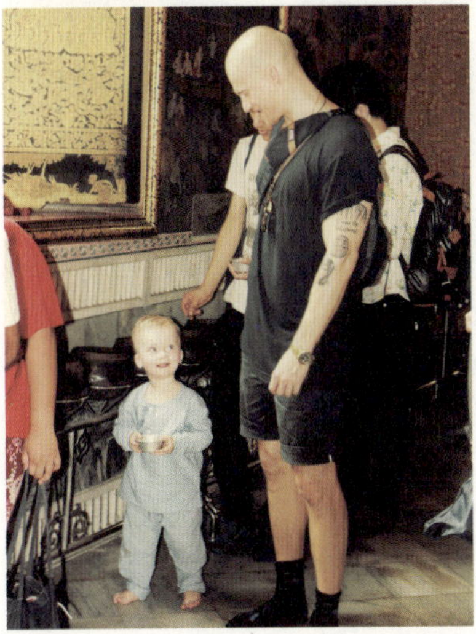

2

3

3 / 【Mt. Tsurugi】デンマークは平坦な国で、最高地点が170m程になります。そんなデンマークで育った私が登山に惹きつけられたのもごく自然な成り行きでした。日本アルプスの山々にもいくつか登ったことがありますが、中でも父と登った 剱岳は厳しいものでした。一般的な登山道ではないルートで登ったのですが、ベース・キャンプを張った8つのチームのうち、私たちのチームだけ登頂することができました。前日に同じルートで亡くなられた方もおり、風雨がひどく、下山する時には生きて帰れる可能性は半分くらいしかないかもと父と話したものです。この時の記憶をとどめた剱岳のタトゥーを腕に彫っています。私に影響を与えてくれた人や旅が私の体に彫られることで、心により刻まれることになります。

4 / 【martial arts】この30年来、さまざまな武術に親しんできましたが、昨年から元世界チャンピオンSteffen Weiseとトレーニングをおこなっています。また、先日家族とタイに行った際にもムエタイのトレーニングをおこないました。また、私の大きな関心事である仏教との出会いも大学時代のマーシャル・アーツのコーチがきっかけでした。私にとっては、単なる格闘技ではなく、精神的なトレーニングとしても重要です。禅や瞑想とも繋がるマーシャル・アーツは、妄念を離れた心そのものを意味する「無心」の状態になることができる、肉体と精神を鍛えるスポーツです。

4

SHINICHI OSAWA

大沢伸一

1 / 去年11月頃、10年ぶりくらいにマウイ島に行った、オアフに滞在せずマウイのみ。初めて行った海のあるリゾートらしき旅行もマウイだった。ハワイのステレオタイプなイメージと少し違って、来る者を過度に歓迎しないこの島は僕の性分にあっていると再確認した。「ここで食べるならこれでしょ」、「あそこにに行くならこれでしょ」って、大っ嫌いな考え方のひとつ。パリで〈ルーブル〉も行かないし、ロンドンでロンドン・ブリッジも見ない、NYで……〈MOMA〉は行ったな。でもこのマウイの旅では終ぞビーチに足を踏み入れなかった。

2 / 1月2日、東京から大津へ。普段あまり撮らないのに、正月の新幹線の車窓からの写真が意外と多い。年が明けて半端な日の半端な時間の下り新幹線は驚くほど空いていて非日常的。三重、滋賀に差し掛かる辺りはやはり「雪」。

3 / 2月8日、リアルに誕生日の翌日。大津出身の僕にとっても京都は特別な場所。仕事で赴く京都、半地元的な接し方の出来る京都、初めて来た異邦人のような感覚で見る京都、当たり前だが全然違う。鴨川沿いの素晴らしいロケーションに陣取った某外資系コーヒーチェーンの一角から「この世の終わり」のような気分を満喫中に撮影。寂しさや悲しみは時としてその事自体の意味を超えて人の心に残る、素晴らしく幸せな経験には到底真似できない強烈なインパクトで感受性を刺し、僕の場合それらの「記憶」は半分くらいの確率で想い返し、なぜか何かしらの糧になっているようなこともある。(年月を経て曖昧になった記憶や創造の産物によるものも含む)

2

3

大沢伸一 / おおさわしんいち

音楽家、DJ、プロデューサー、選曲家。リミックス・ワークを含むプロデュース・ワークでBOYS NOIZE、BENNY BENASSI、ALEX GOHER、安室奈美恵、JUJU、山下智久などを手がける他、広告音楽、空間音楽やサウンドトラックの制作、アナログ・レコードにフォーカスしたミュージック・バーをプロデュースするなど幅広く活躍。

[web] www.shinichi-osawa.com

[facebook] www.facebook.com/shinichiosawa

[instagram] instagram.com/shinichiosawa

[twitter] twitter.com/shinichiosawa

4 / 1月30日、久しぶりにフェスじゃないクラブでDJとして台湾台北。○○ヒルズのような大きなショッピング・モール自身が経営し最上階を位置取る眺めの良いお店で、夜も更けるとビルのエントランス自体がクラブのエントランスに変わる斬新なシステム。どこのアジアも好景気な都市には必ずある、ある程度デコラティヴな未来的なインテリア。意外だったのは人々のプリミティヴさ、EDMもテクノもハウスも関係ない、"腰に来れば踊る"。捨てたもんじゃない。プレイ後、エレベーター・ホールから見下ろす台北のど真ん中、『ブレードランナー』のレプリカントがビルの屋上から飛び出てきそうな感覚がよぎった。

5 /5月3日、生まれて育ったこの街で過ごしたのは25年、人生の前半なのでその半分以上は少年時代。大人になる用意も準備も計画もなく、行き当たりばったりに過ごしていた。本当はみんなそんなもんじゃなかろうか。今思い出しても意味が分からないこと、どうしてそうなったのか不明な滑稽な記憶の断片ばかり。4年前に他界した父親にこの街が好きか嫌いか

4

5

なんて聞いたこともないけど、高知出身でなぜかこの琵琶湖の有る大津に縁があった。この地を基盤に競輪選手として職を得、この地で伴侶を得、家族を持った。そしてかなり長い間魚を捕ることを趣味にもしていて、琵琶湖やそこに流れ来る川のなどで自作の投網で鮎やもろこ、時には鯉まで捕っていた。蛇足だけど今滋賀県がその名称を変えて認知度をあげようとしている。『琵琶湖県』、『近江県』、どっちもダメだと思う。ブランド牛肉が出始めのころ『滋賀牛』でなく『近江牛』と名付けた数十年前の時点でもうすでに間違ってたんだ。

6 / 5月某日、日帰りで京都、ラッキーにも夕食を食べてなおぶらっとできる時間まであった。イタリアから来た知人を祇園の散策に連れ出した。雨。雨と京都のコンビネーションは場所と環境という意味でいくと僕にはこの上がない。細かい理由は申し訳ないが説明もできない。曖昧な記憶の中で北のはずれの名所『龍安寺』(りゅうあんじともりょうあんじとも言う)、ここのお庭に雨の日に2時間くらい居座ったことを思い出した。

沖野修也
SHUYA OKINO

1

1 / 上海でKyoto Jazz Massiveのライヴをおこなった。ヴォーカリストが本番前に会場からホテルに着替えに戻ったはいいけれど、途中薬局に立ち寄ったとかで、開始の時間に到着が間に合わなかった。フェスティヴァルの進行上、オン・タイムで始めざるを得なかったため、僕達は30分も歌なしで演奏を続けたのだ！　記念写真はいつもいい思い出だけを写し出す。ちなみに薬局に寄ったのは写真に写っていない方のヴォーカリスト（苦笑）。

沖野修也（Kyoto Jazz Massive） / おきのしゅうや（キョート・ジャズ・マッシヴ）

DJ、作曲家、執筆家。これまで世界35ヶ国140都市に招聘された国際派。著書に『DJ選曲術』等。14年秋には〈バーニーズ ニューヨーク〉新宿店で初のイラストレーション展を開催。15年4月、Kyoto Jazz Sextetのデビュー・アルバム『Mission』を〈ブルーノート〉レーベルより発売。8月5日には、自身の作品だけを使い、世界のトップ・クリエーターが参加した極上のドライヴ・ミュージック・アルバム『RUNAWAY〜Boogie grooves produced and mixed by Shuya Okino』を発売予定。現在、『JAZZ ain't Jazz』（InterFM）にて番組ナビゲーターを担当中（毎週水曜22時よりオン・エア）。

[web] www.kyotojazzmassive.com

2

2 / 京都に舞い戻った僕にとって、毎週訪れる東京への移動すら旅。なので、できるだけ行ったことのない場所を訪れるようにしている。先日、初めて目白の〈カテドラル聖マリア大聖堂〉に足を運んだ。20年も住んでいたのになぜここに来なかったのだろう？　外観も教会内もまったくの異次元。まだ行ったことのない人にはオススメしたい。この丹下健三の代表的な建築物を写真で観たことは何度もあったけど、その存在を感じる体験は東京でしかできない。

3

3 / 飛行機の乗り換えには3時間を確保するようにしている。なぜなら、到着の遅延や空港内の移動、セキュリティー・チェックが混雑した場合のことを考えるとそれくらいは必要になる。なのに、エジンバラに向かう途中、乗り継ぎで経由したドーハでは……。携帯の世界時計がサマー・タイムに対応していなかったから1時間遅れていた。メール・チェックに没頭していたので乗り遅れるところだった。食事をすることを考えたら4時間でもいいかもしれない。

4 / どこの国へ行っても中古レコードを探す。但し、文字が読めないと、ジャンルも楽器も識別できない。ロシア、チェコ、インドネシア、クロアチアでは苦労した。ジャケの怪しさを頼りに試聴することもあるけれど、店の人に希望を伝えて見繕ってもらってから聴いていく方が効率がいい。トルコは既に5度目の滞在になるけれど、初めてレコ屋に立ち寄った。これ、自分では選ばないよなー。トルコ人ドラマーがなぜかSWEDENで録音した1枚。

4

TOMOYUKI TANAKA from FPM

田中知之(FPM) 1

1/パリに来るのは何度目だろう? 仕事柄、年がら年中旅ばかりしているので世界中どこの街に出向こうがほぼ平常心で過ごすことができるのだけれど、このパリという街だけはなぜかいつも不思議な孤独感に苛まれてしまう。あれだけ訪問を心待ちにしていたはずなのに、〈シャルル・ド・ゴール空港〉に着き、タクシーでパリ市街に向かう途中からもう、まるで親とはぐれた幼子のような何とも心細い気分になってくる。強烈なホームシックとでも言おうか。この感情は強弱のグラデーションはあるものの、滞在中終始僕を支配し続ける。しかし今回はっきり分かったのだか、僕はこの心のざわめきを寧ろ愉しむためにパリに来ているんじゃないかってこと。うん、間違いない。

田中知之(FPM) / たなかともゆき(エフ・ピー・エム)
DJ/プロデューサー。8枚のオリジナル・アルバムのリリースの他、多数のアーティストのプロデュースも手掛け、リミキサーとしても、布袋寅泰、くるり、UNICORN、サカナクション、FATBOY SLIM、など100曲以上の作品を手掛けている。DJとしては、国内は全都道府県制覇、海外でも約50都市でプレイし、国内外のハイ・ブランドのパーティー DJとしても活躍。デビュー20周年記念盤となるアルバムを今秋リリース予定。
[web] www.fpmnet.com
[facebook] www.facebook.com/pages/FPM/282980377134

2 / 以前は日本人には便利という理由で、いわゆるOpera周辺にばかり宿を取っていたのだけど、昨年初めてMontmartreの小さなホテルに泊まって以来、やたらとこのホテルと街が気に入ってしまった。昨年、今年と、夏至の日の音楽の祭典に僕をDJとして招聘してくれている〈Guilo Guilo Paris〉やオーナーの枝國さんのお宅の目と鼻の先という立地のせいもあるのだが。ホテルの真裏にはかのフランスの大歌手・ダリダが亡くなるまで住んでいた家がある(このスクーターのバック・ミラーに映る家がそう)。波乱万丈の人生の末、彼女はこの自宅で服毒自殺してしまったのだけれど。最期に遺された言葉は「許してください。人生は辛すぎる」。

3 / パリは気分屋の美女のような街である。光と影の、昼と夜のコントラストがとにかくはっきりしている。昼のチュイルリー公園はとても光が眩しい。まるでご機嫌な別嬪さんみたいな場所。ホームシックな男にもとにかく優しい。

2

3

4

4 / サンジェルマン・デ・プレの〈Café de Flore〉で1人飲み。このカフェのテラスでシュルレアリスムは生まれたのだ。そしてこのカフェには、外国人として初めて雇用されたという日本人ギャルソン・山下哲也さんがいらっしゃる。昨年知人を介して知り合い、懇意にしていただいている。もちろん彼の受け持ちエリアに陣取り、グラスのシャンパンを注文。06年の「モエ・エ・シャンドン」。なぜか「ドンペリ」よりも旨く感じる。彼は僕のグラスに他のお客さんよりも明らかに並々とシャンパン注いでくれた。これは少し飲み進めてからの写真、最初はもっと並々だった。東京の下町でもパリでも、やっぱりこういうさり気ない依怙贔屓が一番嬉しい。

5

5 / 正直、毎回パリではあれこれ買い物するのが愉しみであったのだが、今回はDJで共演したテイ・トウワさんたちと出掛けたクリニャンクールの蚤の市で、古本と中古レコードを僅かに購入したのみ。〈デタックス〉の申請はおろか、クレジット・カードすら使っていない。円安って理由もなくはないのだが、いよいよ刹那的な買い物に興味が薄れてきたのかもしれない。もっぱら〈ライカ〉カメラを首から提げて正しい日本人観光客の姿で、1人あてもなく街をそぞろ歩き。この写真は、ベッドが占領しているため、トランクを開けるスペースも無いのに、やたら居心地が良かったホテルの部屋の小さな姿見で初SELFIE。

1

Keiichi Sokabe

曽我部恵一

1 / サニーデイ・サービスだけに、どこの国へ行ってもいい天気。
実は雨期ではあったのだけど……。
2 / 香港島からのフェリーの中で。
3 / 香港のオフ日に、ピークへ登る。3人で並んでみたが、ぼくは高所恐怖症ぎみで表情が硬い。晴茂くんは音声ガイドのヘッドフォンを絶対外そうとしない。
4 / 香港にはたくさんファンが待っててくれた。90年代の香港でジャケット写真を撮った『愛と笑いの夜』がみんなのお気に入り。

曽我部恵一 / そかべけいいち

71年8月26日、香川県生まれ。94年サニーデイ・サービスのヴォーカリスト・ギタリストとしてデビュー。01年よりソロ活動をスタート。04年、東京・下北沢に〈ローズ・レコーズ〉を設立。精力的なライヴ活動と作品リリースを続け、執筆、CM音楽制作、プロデュースワーク、DJなど、その表現範囲は実に多彩。最新作はサニーデイ・サービスのライヴ・アルバム『Birth of a Kiss』。11月からは、再結成後初となるホールツアー『サニーデイ・サービス TOUR 2015』の開催が決定。

[web] sokabekeiichi.com

[facebook] www.facebook.com/sokabekeiichi

[twitter] twitter.com/keiichisokabe

2

3

4

5

6

7

8

5 / 香港ライヴの後のサイン会。
長蛇の列ができていた。
違う国のファンとの交流は楽しい。
6 / 台湾のヴェニューにて、準備中。
真剣な表情だが、今夜の食事を何にするかを考えているのかもしれない。

7 / 台湾と言えばタピオカ!
下北のタピ屋より美味しかった!
8 / 暮れなずむ台湾のマーケット。
バンド始めて20数年。まだこうやって3人でいろんな街をぶらついている。

1

清木場 俊介

2

Shunsuke Kiyokiba

1&2 / 自身が立ち上げたライダーズ集団「CRAZY JET」、その第1回目となるミーティングを、5月中旬、岡山県は中蒜山のオートキャンプ場で決行しました。全国各地から約50名の「CRAZY JET」の有志が集結！　中には鎌倉から20時間近くかけて、辿り着いた強者も(笑)。軽くツーリングの後、ビール片手にお互いのバイクの観賞会から、夜はBBQで盛り上がり……宴は深夜まで(笑)。テントで1泊の充実のキャンプ・ミーティングになりました。

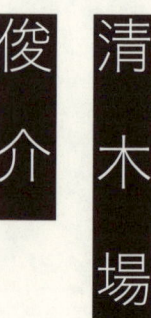

3～6 / 地元山口から朝の10時に出発。山陽道から広島を経て、中国道で蒜山インターから目的地の〈中蒜山オートキャンプ場〉へ。片道400キロ弱の道程。SA毎に休憩と給油。その時に仲間と、お互いのバイクの調子などを語り合うのもツーリングの醍醐味です。トレーラーの荷台にはたくさんのクーラー・ボックスです(笑)。清木場の愛車〈Z-1 900〉は、この日も絶好調でした(笑)。

3

4

5

6

7 / 帰り道はのんびりと……。
また同じ道を山口に向けて走ります。

さすがに岡山はちょっと遠かったかも…。
第2回ミーティングは、もう少し近場で開催しようかな(笑)。

7

清木場俊介 / きよきばしゅんすけ

山口県宇部市出身。05年シングル『いつか…』でソロ・デビュー。06年から自身で作詞・作曲した楽曲を手掛けはじめ本格的にソロ活動を開始。ライヴハウスやホール・ツアーなど、様々な会場で全国ツアーを精力的におこなっており、8月22日&23日には〈兵庫県立播磨中央公園〉にてファン・クラブ〈清木場組〉限定イヴェント『KIYOKIBA SHUNSUKE SUMMER'S SOUL Vol.5 IN AWAJISHIMA』を開催する。6月24日にシングル『軌跡』、8月19日にシングル『蜉蝣〜カゲロウ』をリリース。

[web] www.kiyokiba.net

[Instagram](staff) instagram.com/utaiya10th

[twitter](staff) twitter.com/utaiya10th

レオポルド・ドゥランテ

1 / Good Morning, New York!　ニューヨークにいるだけでとても嬉しい。まるで親友に会えたかのように。。。今回のニューヨークの目的は仕事ではなく、自分の誕生日を祝うため。一旅行者として、これまでにない体験をしたい。
2 / ハドソン川の遊覧船にて。天気は晴天だけど、とても寒いです。
3 / セントラル・パークにて。たくさんの映画のシーンでも登場している場所なのでとても気持ちが高ぶります。
4 / 5番街の『アップル・ストア』にて。ほとんどの「Mac」モデルを持っている自分を含め、〈アップル〉のファンの人には必須のスポットです。

Leopoldo Durante

LEOPOLDO DURANTE / レオポルド・ドゥランテ

〈Florence International Fashion Polithecic〉卒業。在学中はデザインとファブリック・テクノロジーを専攻。〈Alexander McQueen〉、〈See by Chloe〉等のハイ・エンドから、〈H&M〉、〈Lee〉等カジュアル・ブランドまで、幅広くデニム・コレクションのデザインを担当。現在は、〈Care Label〉のデザインの他にも〈Meltin Pot〉のクリエイティヴ・ディレクターも務めている。デニムのコレクターとしても有名で、4,000本ものデニムを所有している。

5 / 〈Lavo〉というイタリアン・レストランにて。友人たちに誕生日を祝ってもらいました。もちろんこの後はナイトクラブへ。

6 / 翌朝、目覚めるとベッドには朝食が。そして妻から〈ティファニー〉のギフトも添えられて。

7 / ジャズの名門〈ブルーノート〉にて音楽を少しかじってみました。

8 / ついにニューヨークを離れる時が……。はたしてライト・セーバー(映画『スター・ウォーズ』でジェダイやシスが用いる架空の武器)と一緒に搭乗できるのか?

HIRO KIMURA
CUBA

HIRO KIMURA / ヒロ キムラ

77年生まれ。99年渡米後、スタイリストとして活動開始。ファッション/広告のみならず、矢沢永吉、桑田佳祐などの著名人のスタイリングを手掛ける。08年、フォトグラファーに転身後、操上和美氏に師事し、11年に渡米。現在はファッション/広告/アーティスト/映像など様々な分野で活躍。写真集『CUBA』が発売中。8月8日(土)〜22日(土)まで、名古屋のギャラリー〈C7C gallery〉にて「CUBA」写真展を開催(c7c.jp)。

[web] www.hirokimura.com

キューバはドラマにあふれている。
燦々と降り注ぐ強烈な日差し、
往来するカラフルなクラシック・カー、
路地で鳴り響くサルサ、
人々の豊かな表情の変遷。

何かからリタイアして
得られる開放感と楽観的思考、
そんな風船のような、
フワフワとしたまがい物ではない、
本物のハピネスがそこにあるように思える。
だが、そんな明るいハピネスに満ちた姿にも、
ふとした瞬間に影が落ちる。
それは悲しみに満ちた、深い闇だ。
社会構造による見えない圧力、抑制、コントロール。
ハピネスとダーク・サイド、
このコントラストが織りなすドラマに、
私は強く魅了され、
その虜となってシャッターを押し続けた。

Everyday is a new day.

ただ風景や人間を撮るのはつまらない。
そこには自然と、人間と、
社会が織りなすドラマが
写し込まれていないからだ。
私はそれを常々考えている。

キューバの虜。

ヘミングウェイはキューバの虜だった。
彼は20余年、人生の3分の1もの時間を
キューバで過ごした。
銃をペンに持ち替え、
ダイキリを飲み、六本指の猫と、
葉巻を吸って静かに暮らした。

ゲバラもある意味、キューバの虜だった。
アルゼンチン生まれの彼の墓が、
キューバにあることがその証左。
医者を辞めて銃を持ち、カストロと出会い、
革命の中心でキューバの英雄となった。

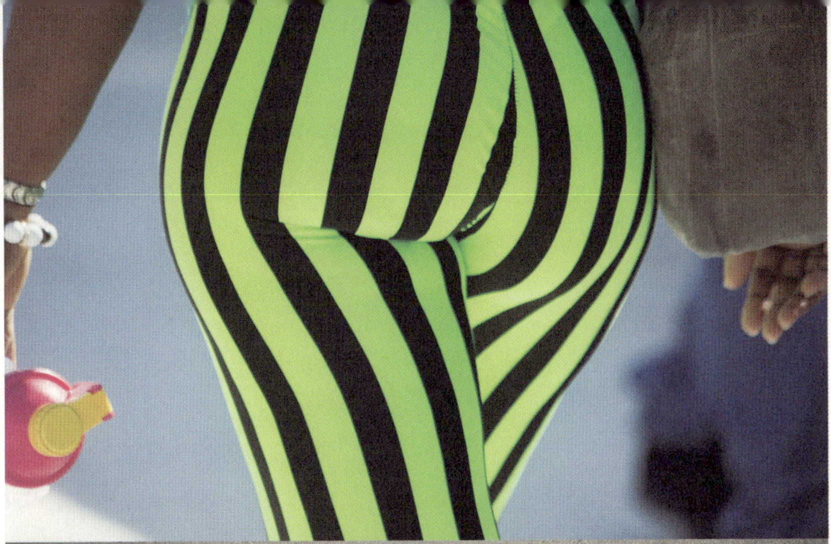

サルサとルンバ。
同じカリビアン・ミュージックでも
馴染み深いレゲエとは違う、
独特の熱を帯びた音楽だ。
昼夜を問わず、そこかしこで鳴り響いている。

初めは"共産"という
構造が生み出す、不労者と暇、
時間を持て余した彼らのために
鳴り続けているのかとも思った。
だがそれは違う。
人々は常に音楽と共にあって、
見えない"何か"をスパークさせている。
音楽というカルチャーによって
"何か"を昇華させている感覚。
その感覚を、私は純粋に
美しいと思った。

アーネスト・ヘミングウェイ、
彼がキューバで過ごした
22年という長い時を、
学者たちはこう称する。

“空白の時”

なぜアメリカ人である彼は、
生活的にも政治的にも
リスキーなキューバという地に、
とどまり続けたのか。

その空白の時を埋めるのは、
自然、人々、社会、文化、
それらが渾然となって生み出される
強烈にエキゾチックな”美しさ”だ。
きっと彼はそのエナジーに魅了され、
虜となってしまった。
キューバから離れることが出来ない体、
“中毒者”となってしまった。

残されている彼の家を訪ねたあと、
私は街中を歩きながら、
いつの間にか彼の姿を自分自身に重ね、
無意識の内にシャッターを押した。

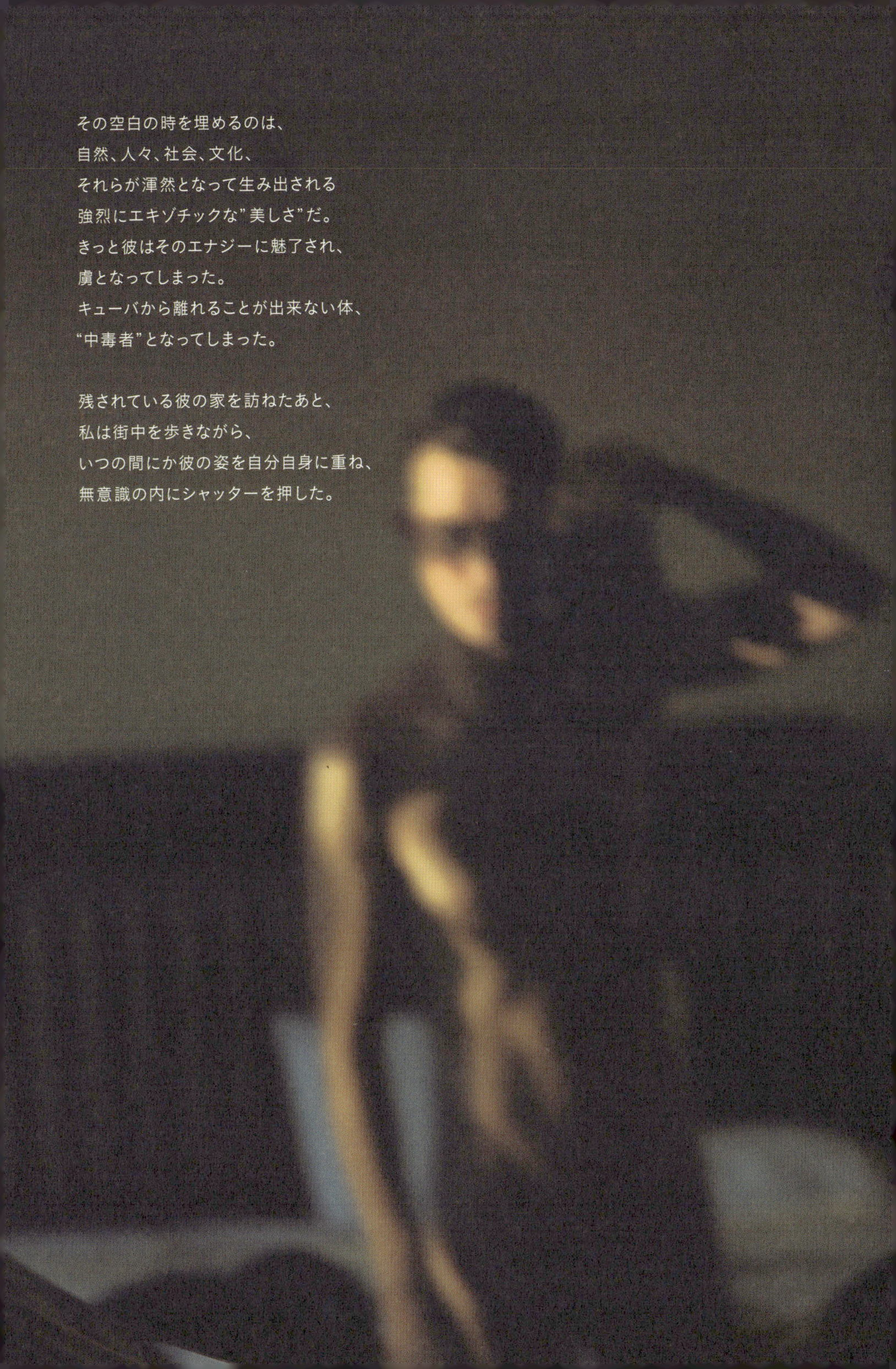

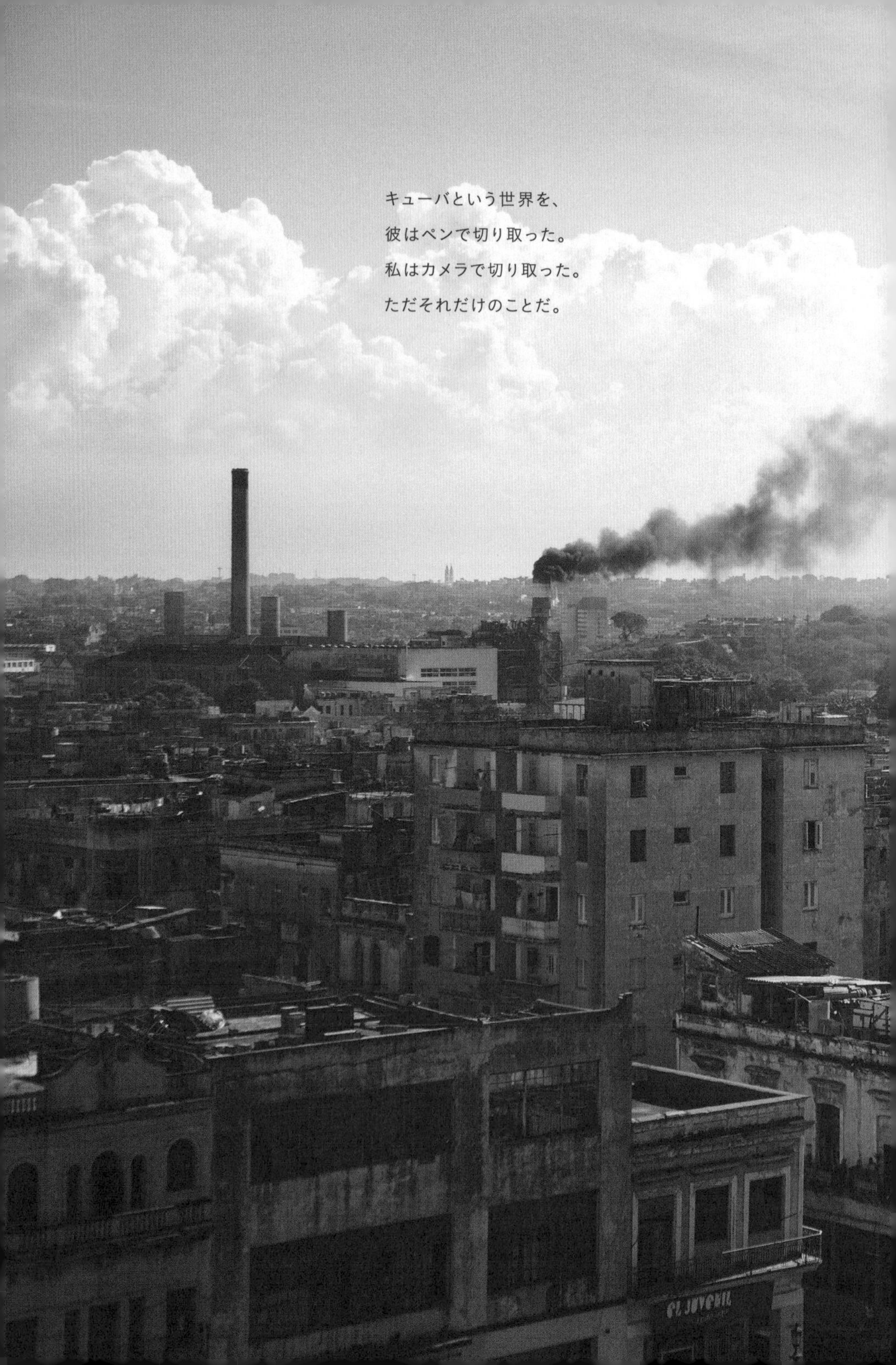

キューバという世界を、
彼はペンで切り取った。
私はカメラで切り取った。
ただそれだけのことだ。

I like to listen.

I have learned a great deal from listening carefully.

Most people never listen.

MEET ING

HIROSHI MORINAGA

森永博志

対話　山崎二郎

no.1

みんな、一線の手前で
考えちゃって動けなくなるんだよ。
でも、その一線を越えたら意外と楽になるの

70年代から『ポパイ』、『ブルータス』、『ガリバー』、『エスクァイア』他の雑誌で、一目みて他の誰とも違う、誰も真似ができない個的で、境界線を軽やかに超えていくアプローチの特集を編集して来た、森永博志さんの仕事に何度もインスパイアされた。『原宿ゴールドラッシュ』〈ワニブックス〉、『やるだけやっちまえ！』〈リトルモア〉、『ドロップアウトのえらいひと』〈東京書籍〉、『アイランド・トリップ・ノート』〈A-Works〉、『ONE PLUS ONE』〈A-Works〉、『初めての中国人』〈マーブルトロン〉、『自由でいるための仕事術』〈本の雑誌社〉と、読む者を行動に駆り立たせる著作も刊行されてきたが、この4月1日、70年代の東京を舞台に、吉田拓郎、泉谷しげる、井上陽水、坂本龍一、松任谷由実、スティーヴィー・ワンダー、田名網敬一などが登場する、自身がクリエイティヴの現場に入った10代の頃からを綴った自伝小説『あの路地をうろついているときに夢見たことは、ほぼ叶えている』〈PARCO出版〉を発表。5月には先ごろ亡くなったジョニー大倉の10代を描いた『ジョニー大倉ラストシャウト! ロックンロールの神様に愛された、ひとりの少年の物語』〈KADOKAWA/メディアファクトリー〉も連続リリース。このタイミングでMovilistの大先輩として、世界中の辺境

を赴いて来た森永さんに話を訊いた。

行ってみないと分からない。そういうところに行きたいんだよね

山崎 海外へ移動することが多くなってくるのは、『ブルータス』の編集に携わってからですか?

森永 そうだね。80年代は中国とかね。あの辺の奥地はまだ、いわゆる「未開の地」だったから。

山崎 あの頃から森永さんの興味は辺境にあったんですか?

森永 そう。もちろん都市も好きだけど、やっぱり辺境に惹かれるね。なんでだろうなぁ?　多分、みんなが行こうとしないからかなぁ。情報が圧倒的に少ないでしょ?　ということは、行ってみないと分からない。そういうところに行きたいんだよね。例えば、今、福島が僕にとって辺境。最初に福島の事故が起こった時、僕は何も行動したくなかったの。その時に出回ってる情報って絶対に危ないから。「振り回されたくない」って、耳を塞いでた。それで、3、4年経ってひと段落すると、みんな忘れてきちゃって、誰も行かなくなっちゃった。報道にしろ、ヴォランティアにしろ。そうすると、現地の状況がどうなっているか分からないじゃん?　だから、行ってみたくなるの。中国の場合はそれとはもちろん違って、最初から何も分からなかった。だって入れないんだもんね。入国するためにはマスコミを利用しないとダメ。1人で行っても向こうの受け入れ先がないから無理なの。それで現地の機関を利用する必要が出てくる。そこまでして初めて奥地に行けるんだよ。しかもね、辺境の方は更に許可が必要なの。それでもなんとか裏から手を回して許可を取っていた。だから当時、取材で中国に行ったのは僕が割と最初の方だったと思うよ。

山崎 現地でトラブルになったりしなかったんですか?　捕まったりとか?

森永 逮捕されたことは僕はないね。カリブでは、警察に追われて逃げ回ってたことはあった(笑)。「お前、絶対に島から出さないぞ」って言われて。刑務所にぶち込まれそうになったんだけど、さすがに「やばい」と思って飛行機で逃げようとしたら、空港の近くでパトカーとすれ違ったの。危なかった。ちょっとタイミングを逸したら、逮捕されてたよ、多分。あんなところで捕まった時には絶対に出られない。カリブの刑務所はヤバいからね。運が良かった。

山崎 それはやっぱり嗅覚で察知するんですか?

森永 「やばい」って思って。特に辺境はそんなのばっか。何が起こってもおかしくないもんね、第三世界は空港自体が危険だから。誰も信用できない。

山崎 賄賂を要求されたり?

森永 あったね。でも、そんなことやっていたら金がいくらあっても足りないから、頭来て怒るんだよ。「ふざけるな!」みたいにさ。そうすると向こうが引く。向こうは弱みに付け込んでくるだけだから。

アメリカだとすっごい警戒されるの。特に西海岸では、要注意人物だと思われてる

山崎 『ブルータス』の辺境のシリーズ以降、いろんな土地を訪れていましたよね?

森永 そうだね。あの頃、辺境の地にはかなり行ったね。バリとかは早かったんじゃないかな？　でもね、バリに関してはすごく反省してるんだ。あれは石川次郎（『ブルータス』創刊編集長）と一緒にやったんだけど、当時まだ29歳くらいでよく分かってなくて。僕らが日本の読者に紹介しちゃったことで、火がついて物価を上げちゃった。それからかな？　僕がカタログ的な辺境の紹介を止めるようになったのは。これでは何かを壊してしまうと思って。バリはまず、サーファーの世界を壊しちゃった。ヤバいよね。未だに失礼なことをしたなって思ってる。観光化されるのは分かっていても、気をつけなきゃいけないなって。

山崎 行ってない大陸は無いですか？

森永 いや、そんなに行ってないよ。オーストラリアにも行ってないし。僕はね、「大陸制覇しよう！」みたいなマッチョなタイプじゃないんだ。一番最初に外国を旅した時の感じって、一生残っちゃうのかもしれないね。僕にとっては、それはLAなんだ。あの時、泉谷（しげる）とね。行ったのがサンフランシスコだったら、もうちょっと文学的になっていたかも。僕はLAだったから、ビートとかじゃなくてもっと文明寄りなんだ。音楽で言えば、ドアーズって感じ。ある種、退廃的で、歪んだインテリジェンスみたいな。そういうのが身体に染みついているっていうか。

ただね、僕はアメリカだとすっごい警戒されるの。特に西海岸では、要注意人物だと思われてる。コンピューターに名前が入っているわけじゃないけど、雰囲気がこれだからさ。パスポートは剥がれてるわ、カードは持ってないわ。なかなか入国できないのよ（笑）。でも、やっぱり、雑誌編集の仕事をやっていたから移動できたんだと思う。テレビとかだと大人数になるじゃん？　それだと異文化に入っていく時に警戒させちゃう。その点、雑誌だと1人や2人、多くて3人。だから入りやすいんだよね。

山崎 あの当時で、多くて3人だったんですか？

森永 そうじゃないかな？　カメラマン、編集、コーディネーターの3人だったと思うよ。編集部は付いて来なかった時の方が多かったね。全部お任せだから。ファッションの企画の時は、モデルを連れていく場合もある。カメラマンの機材がすごい時はアシスタントが必要になるよね。彼らを入れると5人。中国の最初の企画の時はまさにそんな感じだった。だから、ファッションとかじゃなかったら、3人でいいわけ。『ポパイ』の時は僕とカメラマンの2人だけだったよ。30ページくらいの企画を3日間くらいで取材してた。もう撮りっぱなしだったよね。「全部撮ればいいや」って。

山崎 森永さんって、インディヴィジュアルな視点で、どんどん切っていくじゃないですか？　あれは発明ですよ。

森永 そうだね。簡単に言うと、「お前がいいと思ったんだからそれでいいよ」って思ってもらえるか？ってことなんだよ。全部任せてもらえてたからさ。

取材しながら編集してるんだよね。そういう風に教えられたからね

山崎 とはいえ、出版社的には編集サイドにもっとゼネラルな視野を求めるじゃないですか？　『ブルータス』、『ガリバー』のあの時代のネタ選びやロケ地決めも、全部森永さんがやってたわけですか？

森永 うん。要するに、『ブルータス』にしろ『ガ

リバー』にしろ、編集会議って基本的にないから。飲み屋で、「バリ、すごい面白いですよ」って話をすると、「じゃあ、お前が特集やれよ」みたいなことになる。それだけ。それで取材して帰ってきて、別にチェックもなしで、レイアウトに回して。編集会議をやらないのが僕らの流儀だった。みんな、夜飲みに行って、そこで話してるだけ。あの編集部はある意味、「無」なんだよね。あとはフリーをいっぱい抱えていて。そこから上がってくる企画を、「いいね！」っていうだけで。大きなテーマは石川次郎が決める場合があるけど。

山崎 それでも森永さんの号って、全く他の号と異質だったじゃないですか？　それは全然アリだったんですか？

森永 他の意見が入るのはタイアップの時くらいかな？　海外へ取材に行く時にやっぱり金がかかるから、タイアップをやるわけ。それは石川次郎の仕事。あとはもう、僕らに振られて。取材前にスタイリストと打ち合わせをするんだけど、一緒に連れて行くのは無理だから、イメージの話し合いをしながらスタイリングしていくわけ。ポラロイドで撮ったりしながら、想像でね。向こうにはどういう世界があるかまったく分からないわけじゃん？　例えば、列車の旅になりましたってなったら、北京の列車の中やホームの状況をすべて想像の元にコーディネートしていく。インターネットも何もないんだもん。印刷物の資料さえ無かった。

　だから行く前には必ず、絵コンテを描いてたんだよ。『ブルータス』か『ガリバー』で「アフリカとカリブの特集をやろう」ってなったのね。それで例えばカリブに行った時は、現地のホテルにフランス人のカメラマンを呼んで打ち合わせをするんだけど、その時に、「50ページの特集になるから」って言いながら、全部、絵を描いちゃうの。じゃないと分からないからね。絵コンテを先に描いて、それから実際に行ってみる。これが基本だった。でもさ、行ってみると全然違うわけ。仕方ないから、全部ポラロイドを撮って、そこで編集していく。だから日本に帰った時は構成ができているの。タイトルも全部。取材しながら編集してるんだよね。そういう風に教えられたからね。「まず絵コンテを描け」ってさ。「取材する前に『こんなページにしたい』とイメージをすることが必要だ」と。だからどこへ行ってもそれでやったの。これって実は広告のやり方なんだよね。

山崎 その後の『エスクァイア』時代、「取材から帰って来たら最初の絵コンテと全然違ってた」みたいな逸話を聞いたことありますが、面白いですね。

森永 タイアップなんかで「コンテを出してくれ」って言われて、全然違うのを作っちゃうとさ、「話が違うじゃないですか」みたいな（笑）。困ってたよね。あと僕の取材って、いつも突発的に思い付いたことをやっちゃうから。突然、木こりに会いたくなって、「ヘリコプターで山の上に行こう」とか。山中で1人で生活をしている木こりがいるって話を聞いたんだよね。それでヘリコプターを借りて探しにいったら、いたよ（笑）、ゲーリー・スナイダーみたいなのが（笑）。しかも、その山肌っていうのが山火事で全部焼けただれてて、針の山みたいになってるの。そういうところにモデルを2人連れて行くわけ。ほとんどアクション・カメラマンみたいなもんだよね。モデルがヘリから降りてくるところをバシャバシャ撮ったもん。なんでも素材にしようと思ってさ。だから、絵コンテは描くけど、コンテ通りになんてないね。ただ漠然としたイメージを共有しておくのは大事。時代劇なのか？ウエスタンなのか？　そういう映画のカテゴリー的な雰囲気くらいはね。

海外でも国内でも、「面白いなぁ」と思うのがあれば、まず行く

山崎 写真じゃなくて、すべてのヴィジュアルをイラストにしたムックもありましたね。

森永 あの時は、「なんで写真でやんなきゃいけないのかな？」って、ふと思って。「全部イラストでいいんじゃないの？」って。僕らは、昔からイラスト・ルポを見てたからさ。そうすると、イラストの方がインパクトがあるんだよ。だから、全20〜30ページをイラストにした。

山崎『翼の王国』での特集も、森永さんの持ち込み企画でしたか？

森永 うん。僕は基本的にすべて自主企画だね。自分で考えて「やりたいな」と思ったらすぐに提案する。もちろん、少しくらいは向こうから「やってくれ」っていうのはあるけど、基本は自分で。

山崎『翼の王国』では国内も旅されてたじゃないですか？　あれもすごく味わいがありました。

森永 島の企画とかね。申し訳ないけど、僕は編集部が立てる企画って「面白くない」って思っちゃうのよ。だから自分で立てる。

山崎 しかも、「自分がやらなくてもいいんじゃない」っていうのはやらない。

森永 そうそう。まぁ、誰もやってないのをやりたいっていうのが僕のポリシーだから、向こうから言ってくるわけないよね。すでに誰かが考えたものみたいなのはやりたくないからさ。

山崎 あの頃って、多い時でどれくらいの割合で海外にいたんですか？

森永 分からないけど、半年くらいはいたのかもしれないなぁ。でも、別に海外好きで行っているわけじゃないんだけどね。海外でも国内でも、「面白いなぁ」と思うのがあれば、まず行く。ロンドンで何か面白い音楽が出てきたという話を聞けば、すぐに行っちゃう。それで、ソーホーに行って白盤を全部買ってきて。まず自分が行って体験して、それからどうしようかなぁ？みたいなさ。「まず知らないと」っていうのは最初にある。だから旅も、プライヴェートで行ってみて、面白かったら編集部に話を持ちかけて。

山崎 まず行っちゃうわけですね？

森永 だからその段階ではコンテンツがあるわけよ。提案できるくらい。「何が面白いの？」って訊かれたら、具体的に説明できるから話がまとまるの。でも、それ以外は結構アバウト（苦笑）。「島特集をやろう」ってなった時、3人くらいの担当で振り分けて。僕はフィリピンをやるってなった。まだどこもやってなかったから。それで石川次郎と〈フィリピン大使館〉に行って、飛行機のタイアップをまず取って。あとホテルも取れるんだったら取っておく。そうすると飛行機代とホテル代が浮くじゃん？　それ以外は自由。何をやってもいい。

飛行機のタイアップがあるからと言って、飛行機の写真を入れる必要もなかった。「協力：全日空」のクレジットだけで、何ページにも渡るタイアップ広告っていうのは、当時はあまりなかった。洋服を絡ませた時は仕方ないけどね。でも僕には別に関係ないから（笑）。お金出してくれるんだから、辺境まで行く。中国も行くのにもお金がかかったからさ。領収書のない裏金みたいなのが。でも金さえ払えばどこまでも行ける。

山崎 言葉はどうしてるんですか？

森永 言葉は全然分からないよ。関係ないよ、言葉なんて。勢いと身振りでどうにかなる。「こっち」って言えば、みんな付いてくるし。日本語でも、なんとなく雰囲気で分かってくれるから。中国で宴会やっている時にさ、僕が日

本語で喋ってたら、中国人に通じてるの(笑)。なんでだろうね？　みんな、びっくりしてたよ。僕は今でも英語とか全然喋れないけど、平気だもんね。アメリカ人とか僕のところにビジネス目的で来るけど、なんとかなっているもん。アクションを交えて。その方がいいんだよね、きっと。日本語だってさ、大して考えて喋ってないじゃん？　文脈メチャクチャだし。だから、英語とかちゃんと喋る必要なんてないんだよ。例えば布袋寅泰と仕事した時はさ、向こうからイギリス人がいっぱい来たのね。彼らは日本語は分からないけど、それでも毎晩遊んだからね。何の問題もない。コミュニケーションなんてさ、何を話したらいいか？なんて考えたらダメなんだよ。日本語もそうじゃん？自然とペラペラ出て来ちゃう時の方がいいの。英語分からないし、相手も日本語分からないけど、かなり難しい会話してたもん。「音楽に進化は必要か？」みたいな。「人間にとって運命とは何か？」とか(笑)。ロンドンに行った時も夜にみんなで集まって原爆についての議論とかしてたよ。取材なんかも同じ。向こうからしてみたら面白く思えたんじゃないかな？　「変なこと言ってるな、こいつ」みたいな(笑)。だいたい僕は英語で喋る時、頭の中で出て来たイメージをすぐに自分なりに翻訳して話すから。単語だけを並べたりとか。それで何も問題ない。ただ、ビジネスマンっぽい奴は苦手なんだよね。話す気にならないから、話せないふりをする。

情報を当てにしないっていうのも大事。日本人って情報に弱いからさ

山崎 島に着目し始めたのは、どういう流れで？

森永 一番最初は、やっぱりバリかな？　バリに衝撃を受けたのは覚えてる。「ここは地球じゃない」みたいな。未開なんだけど、ロックもあって。ストーンズがガンガン流れているんだよ。デヴィット・ボウイとか、ボブ・ディランも来ていたかな？　まるで別宇宙なんだよ。その時から「島ってすごいなぁ」って思うようになった。

山崎 その時はまだまだ紹介されてない時ですか？

森永 まったく。その後、フィリピンに行った。フィリピンはもっとすごかったもんね。「ヤバい」と思った。原始の世界だったよ。無法地帯でさ。無法と原始がミックスしてるの。ゲリラもいたし。あそこだけは絶対文明化されないと思ったな。自然も厳しくて。洪水とかしょっちゅう起きてたからね。でも、フィリピン好きだったなぁ。ほんと面白かった。危険だけど。空港から街までギャングばっかりでさ。脅しのために拳銃を出してくるんだもん。ホテルも予約しないから、空港に着いてからタクシーに乗るでしょ。それで「安いホテルない？」って聞いて連れていってもらうと、だいたい危ないホテル。ひどい時なんか、空港の係員に「自分は正式の係員だから任せろ」って言われたから、安宿に連れて行ってもらったら、住宅街の中の一軒家なの(笑)。それで中に入ったら拳銃持った奴がいて。「ここは何だ？」って聞いたら、要するに売春宿なわけ。もう早く逃げなきゃと思って、命がけで脱出した。昔の怖さは今の怖さとは違うと思うな。今は殺されちゃうもんね。テロとかあるし。昔はまだ余裕があったと思う。昔は拳銃が出てきてもただの脅しだったと思うけど、今は撃たれそうだもんね。

　情報を当てにしないっていうのも大事。日本人って情報に弱いからさ。例えば、テレビではすごい騒いでるのに、行っちゃうとなんでも

なかったりするんだよね。例えばさ、東京の宮下公園で政治集会が開かれてるって報道がされるじゃん？　そうすると、メディアは東京全体が政治デモをやっているみたいな感じで騒ぐわけよ。それと同じ。報道はやっぱり怖いよ。だから僕はテレビも見ないし、新聞や週刊誌も一切読まない。テレビもコンピューターも要らない。仕事の机も不要。「iPad」と「iPhone」だけでいい。それさえあれば、どこへでも移動しながら仕事ができる。ある意味、それが僕の仕事部屋。旅先には必ず持って行くからさ。

リアルな世界で絶体絶命のところから脱出するのは映画より面白いんだよ

山崎 今、「iPad」を使われているんですか？

森永 うん。「iPad」だけね。パソコンは持ってない。持ち歩くのにパソコンは面倒くさいけど、「iPad」は楽じゃん？　あれは素晴らしい。メールのやり取りも全部できるし。

山崎 じゃあ、新刊書籍の原稿も「iPad」で？

森永 「iPad」だね。でも最近は使い過ぎで目が悪くなっちゃって。だからほどほどにしようと思って。眼が相当疲れるから。

山崎 現地の情報はホテルとかも含めて、なるべく前もって入れないで行くんですか？

森永 昔は情報がないんだもん。インターネットもないし。だから旅行代理店に頼むしかない。電話が通じないところが多いから、直接の連絡も無理だし。あの頃はバリだって電話をかけるのに空港まで行かないとダメだったんだよ。しかも空港では30分待ち。だからこっちから電話予約ができないわけよ。

山崎 それだと本当に自分の嗅覚がよくないといけないわけですね。アンテナもどんどん鍛えられます。

森永 そうだね。一度ね、友達が「フィリピンですごい面白い場所があるから行ってみろ」と言うわけ。「どこ？」って聞くと、「バタンガスから船で2時間くらい行ったところにあるミンダナオ島だ」って。それを地図見て行くわけよ。バタンガスに行くバスを探して、そこからミンダナオ島行きのフェリーを見つける。頼れるのは自分の勘だけ。ほとんどそうだよね、当時は。

山崎 今は普通、事前に全部情報をチェックして、確認してから行くじゃないですか？

森永 南米に行った時も、「コロンビアからブエノスアイレスまでの車のラリーがあるから行こう」って友達に誘われて、参加したわけ。でもそのラリーが出発前に頓挫しちゃって。車も日本から送ったのがパナマかなんかに消えちゃって。後で知ったんだけど、軍に盗まれちゃったんだよね。5台送ったのに1台しか着かなくてさ。あの時、4、5人で行ったから、「1台じゃきついよね」って話になって、僕とカメラマンだけ途中で抜けて、「あとは列車にしよう」ってことにした。でもさ、移動しているうちにどこにいるんだか分からなくなってくるの。そのうちに、面白いもので段々、スペイン語が分かってきてさ。いつの間にか地元の新聞を読んでいたもんね（笑）。そこまでになると、自分たちがどこにいるか分かるの。でもやっぱりあっちはムチャクチャ。ホテルで金は盗まれるし、荷物もパスポートもなくなるし。最後、100ドルくらいになって、カメラマンはカード持っていたから、危ないから日本に帰らせたんだよ。それで僕だけになって。一応、コロンビアのボコタで他の連中と再会する日だけは決めていたの。彼らに金を貸していたから、なんとしてでも辿り着こうって。その金さえあれば、南米から脱出できるからね。なんとかなるもんで、ちゃんと再会できた(笑)。

山崎 リアル『モーターサイクル・ダイアリーズ』ですね(笑)。

森永 うん。怖いよ、よっぽど度胸がないと南米は無理だと思うよ。リマの空港でもさ、チェック・インしたらいきなり兵隊が来て、「こっち」とか言われて。飛行機会社のカウンターの下から、裏へ連れて行かれたら、ヒッピーみたいなのがいっぱいいて。銃を持った奴らに鞄を開けられて「マネー!」って。僕はもう金が無いから、絶対に払わないって態度で示したの。向こうはそこまでは強行しないから、解放されて。それで次に搭乗ロビーに入ったら、また兵隊がやって来て、カーテンで閉ざされた部屋で取り調べが始まるの。そしたらまた、「マネー!」って。頭来てさ、「ふざけんな!」って言ったわけ、日本語で。そしたら「もういいよ」って。よっぽどの度胸がないと、あんなところは行かない方がいい。舐められたら終わりって、分かっていたからね。逆に舐めないと。弱みに付け込んでくる連中だから、上からガーンってやるとやっぱりビビるんだよ。本物の不良じゃないから。ただの汚職に手を出した奴らだから、怖がっちゃうんだよね。「こいつ、ヤバい奴かもしれない」って(笑)。ある意味アドヴェンチャーってトータリティーが求められるところがあって、経済も重要なんだよ。お金がなくなっちゃったら困るから。僕も旅先で、一銭もなくなっちゃった時とかよくあったもん。使い過ぎちゃって。でもそういう時って、深く考えた結果、窮地を脱出するんじゃなくて、なんかふとしたチャンスがあって、パッと掴んだら脱出できるみたいなことがよくあるんだよね。みんな、一線の手前で考えちゃって動けなくなるんだよ。でも、その一線を越えたら意外と楽になるの。もちろん、いろんなところに危機はあると思うよ。でも、そういうのを潜在的に求めてるわけだからさ。それを克服するのが面白いわけで。ゲームだとフィクションだけど、生活だとリアルじゃん? 克服した時の喜びがすごいよね。主人公が絶体絶命の危機に陥る映画ってみんな好きでしょ? でも、リアルな世界で絶体絶命のところから脱出するのは映画より面白んだよ。

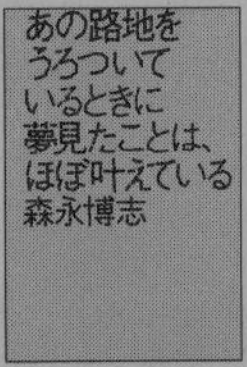

『あの路地をうろついているときに夢見たことは、ほぼ叶えている』
〈PARCO出版〉

『ジョニー大倉ラストシャウト!
ロックンロールの神様に愛された、ひとりの少年の物語』
〈KADOKAWA/メディアファクトリー〉

[web]
www.morinaga-hiroshi.com
[facebook]
www.facebook.com/wildsaloon

MEET
ING

no.2

ROBERT HARRIS

ロバート・ハリス

対話　山崎二郎

「車なんて買わなくていい。
別に恋愛したくないんならしなくてもいい。
でも、旅だけはしなよ」って

Movilistの先輩であるハリスさんに登場いただくのは光栄なこと。世界中を移動し続け、16年滞在したオーストラリアではシドニーではブック・ショップ&ギャラリー〈EXILES〉を主宰。帰国後、〈J-WAVE〉の名ナヴィゲーターから、『エグザイルス』〈講談社〉、『エグザイルス・ギャング』〈幻冬舎〉、『ワイルドサイドを歩け』〈講談社〉、『地図のない国から』〈幻冬舎〉、『黒くぬれ！アウトロー白書』〈祥伝社〉、『幻の島を求めて 終わりなき旅路 エーゲ海編』〈東京書籍〉、『人生の100のリスト』〈講談社〉、『MOROCCO ON THE ROAD 終わりなき旅路 モロッコ編』〈東京書籍〉、『ワイルド・アット・ハート 眠ってしまった冒険者たちへ』〈東洋経済新報社〉、『知られざるイタリアへ』〈東京書籍〉、『旅に出ろ! ヴァガボンディング・ブック』〈ヴィレッジブックス〉、『アフォリズム』〈ノースヴィレッジ〉と、移動を繰り返す中で得た気付きを記す作家として常にインスパイアされました。5月に『アウトサイダーの幸福論』〈集英社〉を、6月に『世界を50年間も放浪し続け学んだCOOLで自由な人生哲学』〈ノースヴィレッジ〉と、連続して新刊をリリースしたこのタイミングで、お話を伺いました。

僕の根底にあるのは友達や家族と楽しい時間を過ごしたいなっていう、そういうちょっとした幸せを感じることへの欲求なんですよね

山崎 先日刊行された『アウトサイダーの幸福論』を大変面白く読ませていただきました。今回はこれまでと目線が少し違いますよね？

ハリス そうですね。そもそも新書ってどうやって書いたらいいんだろう？というところから始まって。最初は文章のトーンを決めるのに悩みましたね。今までは20～30代くらいの人を想定して書いていたので。新書ってもうちょっと上の人向けじゃないですか？　だから、そこら辺についてうまく考えられなくてね。結局、自分の声で書くしかないなと思って書いていたら、こういう感じになったんです。

山崎 そのせいか、ロバート・ハリス入門書としてはうってつけだと思いました。

ハリス ほんとですか？　良かった！　奥さんもすごい褒めてくれてね。僕にとって一番の良き評論家や編集者って、実は奥さんなんですよ。いつもは書きながら、チャプターごとに「どう思う？」って渡してたりしてて。でも今回はずっと隠していて、本が完成した時に初めて見せたんです。そうしたら、読んだ後に優しい口調で、「すごい良かったよ」って。それで励まされたっていうか。僕の奥さんがそう言うんだったら良かったのかなと思って。

山崎『アウトサイダーの幸福論』というタイトルなんですけど、反対の言葉が共存しています。これはどうやって決められたんですか？

ハリス これはね、僕が作ったタイトルじゃないんです。フリーの編集者と僕とで、『アウトサイダーのススメ』っていうタイトルでまず書いていたんです。でも書き終わってから読んでみて、別にみんなに僕の生き方を薦めているわけじゃないなと思って。そうしたら編集者から、「この本はけっこう幸福について書いているので『幸福論』というのはどうでしょう？」と言われて。それを聞いた時にとても良いタイトルだって思ったんですよ。それで『アウトサイダーの幸福論』というタイトルにしたんです。

山崎 ハリスさんのパブリック・イメージって、どこかとんがった感じがあると思うんです。ストイックっていうか、放浪者っていうか。

ハリス そうですね。アウトロー的ですよね。

山崎 氷の上を歩いているような。それでいて

楽天的だったり、快楽主義だったり。ですが、本当は幸せになりたいんだ、ということを感じまして。

ハリス うん、僕もそう思います。もちろん、ある程度は歳をとるにつれて丸くなったかもしれないですけど、今でも自分で、「あぁ俺、かなりクレイジーなことをやっているな」と思うことがあります。でもね、結局のところ、僕の根底にあるのは友達や家族と楽しい時間を過ごしたいなっていう、そういうちょっとした幸せを感じることへの欲求なんですよね。「ああ、これが生きているってことなんだな」って。ワイルドなところだけじゃなくて、そういう小さな幸せを大切にするところも僕の中にはある。その両方が大事なんですよ。でも、今までこっちの方面についてはあんまり話してないよなと思って。それで、じゃあそっちの方も書いた方がいいかなと。

山崎 成熟しても未熟な部分をちゃんと残されている。それがすごいなって。そこでお聞きしたいんですけど、大人の定義って色々とありますが、ハリスさんの場合、「大人とは何か？」と聞かれたら、どうお答えされますか？

ハリス なんでしょうね……。

山崎 恐縮ですが、僕にとって大人って、社会的であるのと、個的な存在が共存している状態なんじゃないか？と思うんです。ハリスさんって、まさしくそんな存在なんですよ。

ハリス それは良い定義ですね。確かにそうですね。僕は人が好きですから。人との関係を重んじることが、僕の一番の原動力になっているんですよ。でも、一方で群れることや徒党を組んだり、権力者のいるグループに属するのも嫌いなんですよ。そういう意味では両方持っているのかもしれないですね。

山崎 そういうハリスさん的な「大人」だからこそ、いろんな人が周りに集まってくると思いまして。

ハリス そうかもしれませんね。僕の友達、ホントに職業も年齢もまちまちなんですよね。18歳くらいから、それこそ僕より先輩の方もいますし。芸能界の人もそうじゃない人もいる。昔から付き合いのある友達はもう50歳を越えていて、家庭もあるしちょっと付き合いづらくなってきてるんです。仕方ないですけど。だからイヴェントで共演した若い連中とも遊ぶようになってきてて。僕ね、よくホーム・パーティーをやるんです。そうすると、昔から仲の良い奴らって、若い人達を最初は嫌がるんですよね。みんなキッチンに集まってそこで話してる。「やっぱりそうなっちゃうんだ」って残念に思っていると、だんだん外に出て来て若い人と話し出して、また新しい仲間になる。そういう環境を作るのが好きなんですよ。

山崎 そうやって場をオーガナイズするっていうのは、昔からずっとやられてきたことですよね。

ハリス そうですね。ブック・ショップだったり、カフェだったり。東京ってそういう場が少ないじゃないですか？　少人数の同業者とかサークルが集まるところはあるかもしれないですけど、そうじゃなくて、いろんな人が集まってワイワイできるような場所がもっと欲しいなって思って。結局、日本人って、自分と他人との間にボーダー・ラインみたいなのを引いて生きちゃうんですよね。そんなの取っ払っちゃった方がいいんですよ、本当は。僕が場を作る意味っていうのはそこにあったりするんです。僕ね、昔から英語を話している自分と、日本語を話している時の自分が、とても違うなって感じていたんですよ。何でか分からないけど、2つの言葉の間には年齢差があるんですよね。英語を話している時の自分の方が大人でワイルドで、もっとストレートで、それでいて個人的。で、日本語の僕はもう少し、和を重んじるっていうか。そういうのが嫌だったんですよね、2つが分かれているのが。言葉によって性質が決められているような気がして。だから力づくで自分を変えたんですよ。英語で話す時はもう少し優しく、日本語で話す時はざっくばらんにって。自分のコアはそうやって形成してったんだと思います。長いプロセスでしたけど、やっと今、違和感なく感じられるになりました。

あの高揚感。それから自由。この先には道がずっと続いてるんだって思うと、気分が高まって来ちゃって

山崎 ご自身の最初の移動は海外ですか?

ハリス いや、最初の移動ってなると、生まれ育った横浜の街ですね。僕、ぶらぶらするのが好きだったんですね。横浜市に六角橋商店街というところがあるんですけど、そこは僕の最初の放浪の場。そこから始まって、伊勢佐木町、元町、中華街って移動していった。歩き回るのが好きだったんです。そうやっているうちに、高校1年生の時かな、遠くに行きたくなって、友達と2人で北海道をヒッチハイクで周ることになったんです。その最中に僕、摩周湖の崖から落っこちて(笑)。それで旅を中断せざるを得なくなって。骨折しましたからね。母親に迎えに来てもらって松葉杖をつきながら飛行機に乗ったんですけど、その帰りに飛行機から見下ろすと、北海道の島が見えたんです。そうしたらね、何でかは分からないけど、「旅っていいな」って思ったんです。全然懲りてなかった(笑)。それで今度は西に行こうって思って、次の旅でヒッチハイクしながら関西から四国へ行き、それから九州に行って。旅先で泊まったユース・ホステルで働いたりしながらね。鹿児島のユースでは、そこのオーナーのお嬢さんが僕のことを好きになっちゃって(笑)。なんか面倒くさいなと思って、そこから一番遠いところに行こうと思ったんです。当時はまだ沖縄返還前だったから、一番遠い島っていうと与論島だったんですね。それで船を乗り継いで与論島まで行ったのが2回目。3回目は、夏休みを利用して霧島高原のユース・ホステルで働いた時。その後、高校卒業してすぐにソビエトに行ったのが4回目かな。それが初めての海外への旅ですね。日本を出て、最初にナホトカというところに着いて、そこからハバロフスクという東の街まで行くんですけど、本当に何もないんですよ。違和感だけがあって。初めて平原に日が沈むのを見て感動したのを覚えています。

山崎 最初の海外がソビエトというのは、今から考えると珍しいですよね。

ハリス 安かったんですよ。ヨーロッパに行くのに、シベリア鉄道でモスクワまで向かって、そこから西へ行くのが一番チープな方法だったんです。その後に行ったのがスウェーデン。スウェーデンではちょっと寂しい思いをしましたね。あまり友達もできなかったし。ガールフレンドも2人くらいしかできなかった。ただバイトをやって下宿に帰る毎日で、それを1ヶ月くらい繰り返してるうちに、「俺、なんでこんなところにいるんだろう?」、「東京と同じじゃん」って思って。それで寂しさを紛らわすために、オペラハウスって『ノーベル賞』授賞式をやるところに、毎週末仕事のない時は行っていたんです。そこに石段があってね、世界中から集まったヒッピー達がいるんですよ。そいつらはスウェーデンの若者よりもフレンドリーなので、ちょっと話しかけるといろんな国の面白い話をしてくれるんです。「ギリシャのクレタ島にはすごいコミューンがあるよ」とか「モロッコのマラケシュは最高だぜ」とかね。「じゃあ、ちょっと行ってみよう」と。心配しているかもしれないので父親には、一応、毎週末に嘘の手紙を書いてて。それを友達に頼んで毎週実家に送ってもらってた(笑)。そこまで根回しした上で、旅に出ました。でも、本当にやってよかった。すごく楽しかったので。

山崎 旅人として成長していく瞬間ですね。

ハリス そうですね。その後、ストックホルムから電車に乗って、郊外に出るんですけど、そこら辺はホントに田舎なんですよ。それでね、そこの国道の上に乗って、何回かジャンプしたのを覚えていますね。「俺は自由になったんだぞ！」と言いながら。そこから今日までずっとその道が続いているような気がします。あの時から僕の旅の人生が始まったんですね。あの高揚感。それから自由。この先には道がずっと続いているんだって思うと、気分が高まって来ちゃって。でもそれから1時間くらい、ヒッチハイクの車が止まってくれなくて大変だったんですけどね（笑）。やっと車が止まったと思ったらゲイの男で、俺の下半身ばっかり見ているんです（笑）。旅の間ずっとカット・オフ・ジーンズを履いていたんですけど、かなり狙われましたね。イスタンブールではモスクの近くをその格好で歩いてると、石を投げられたりしました。あそこはイスラム圏ですからね。無知は恐ろしい。「なんで投げられてるんだろう？」って分からなかったから。

山崎 一番長く滞在したのはどの国ですか？

ハリス オーストラリアですね。あの国の土地ほとんどすべてを旅しましたね。本当はそんなに長くいるつもりはなかったんですけど、とても住みやすかったというのと、友達がたくさんできたというのもあって、気づいたら長いこと居ました。オーストラリアは東南アジアに近いんですね。だからバリ島にはしょっちゅう行きました。大好きなんですよね、あの島の文化と人が。

山崎 それだけ居心地良かったオーストラリアから日本に戻ってきたのはどうしてですか？

ハリス 今度は逆に日本が居心地よくなっちゃったっていうか。最初に帰って来た時は仕事だったんですよ。映画の仕事を手伝うために。89年だったかな？　毎日、六本木へ通っていたんですけど、当時のあの街はバブルの真っ盛りで。若い連中が〈ベンツ〉に乗っていたりしてね。「どうなってんの？この国！」って思いながらも、なんとなく華やかで面白かったんですよね。それでダラダラ遊んでたら、結局半年くらい過ぎていた。

山崎 東京に再び移ってからすぐ、ラジオのお仕事が始まったんですか？

ハリス 東京に来てからはしばらく仕事がなかったんですね。そのうちに、僕の昔の友達が、「最近何やってんの？」って連絡してきて。それで、「仕事ないんだよ、通訳の仕事ちょうだいよ」と頼んだんです。彼女はレコード会社にいたので、「あなた、通訳じゃなくて、いい声をしているし、いろんな経験もあるし、ラジオのDJが良いわよ」と言ってくれて。それで紹介してくれたのが〈J-WAVE〉。最初にやったのはジョン・カビラさんの朝の番組の代役。「ジョンが1週間夏休みを取るからやってくれ」と頼まれて。とにかく朝が早いんですよ。スタジオに行くと、プロデューサーが、寝起きの機嫌の悪いような顔していて。でも、始まるとテンションを上げて「グッモーニング！」と言わなきゃいけないじゃないですか？　大変でしたよ。おまけにいろんな人にインタヴューしたり、ニュースを読んだり。まったく僕に合ってなくて。聞いてくれた友達の評判も悪かった（笑）。

確かに日本は便利です。でも、そうやって思うのって、ある意味では罠なんですよね

山崎 ジョン・カビラさんとはスタイルが違いますからね。

ハリス そうなんですよね。僕は夜型だから。でもその後、「ダメだったけど自分なりにトライしたんだからしょうがない」って思っていたら、カビラさんが今度はサッカーをやっている時にアキレス

腱を切っちゃって。最初の仕事から2ヶ月後くらいかな？　ちょうどゴールデン・ウィークだったんですね。それでまた僕に電話がかかってきて。「今度はゴールデン・ウィーク期間だからニュースを読まなくていいし、自分の話をしていい」って、プロデューサーに言われたんです。「じゃあ、旅や本や映画について、好きなだけ話していいんだ」と思って、引き受けました。それで朝の番組で好きな話だけをしたら、「面白かった」って、前回よりも評判が良かったんですね。それから今度は「夜中の1時から3時までの生番組をやってくれ」と頼まれたんです。「何をやってもいいから」って。それじゃあって言って、自分の好き勝手にやりましたね。3年くらいやったかな？　それがスタートでした。だんだん楽しくなってきて、〈J-WAVE〉に入った時は「2年で辞めますから」って言っていたんですけど、結局まだやっている（笑）。仕事が楽しくなってきちゃったんですよね。たくさんのファンの人から、ファックスと手紙をもらうようになって。週に50通から100通くらい来るんですよ。その時にね、「あぁ、俺も日本に帰って来た意味があったんだな」って思ったんです。それまで、「何のために帰ってきたのかな？」とずっと思っていたから。ラジオをやっているとね、「励まされた」とか、「勇気をもらった」とか、「これからやりたいことが見つかった」とかいう声が多くて、すごく嬉しかったですね。受験生とか夜遅くまで働いている人達からそういう反応があって、「もう少しここにいちゃおうか」って。そういう経緯があって今に至るんです。でもね、僕は長い間、日本に寄港しているという感覚だったんです。

山崎 それは今でもそう？

ハリス 今でもチャンスがあれば旅に出たいんですけど、今は日本が寄港先ではなくて僕の定住場所になりましたね。3・11以降から。あの時、住む場所を変えた人って多かったじゃないですか？　西とか外国に。僕は、それとは逆に、「嫌でも日本にいてやろう」と思ったんですよ。ずっと腰を落ち着けようと思いましたね。そこからかな？　自分の中で変化があったのは。僕って、世界中、どこにでも住めると思うんですよ。だから、死ぬ時は日本にいたい、みたいな、母国に対するアタッチメントはないんですよね。大好きな国ではあるんですけど。でも、やっぱり、あの災害が起きて、自分のアイデンティティがもっと強くなりましたね。それで「俺はこの国に居てやろう」って。

山崎 今の10代、20代の方って、僕らの若い時より、旅行をすることが減っている傾向があるようで。

ハリス しなくなりましたよね。

山崎 そうすると、出会いも減っていってしまって、新しい発見をする機会も少なくなってしまいがちになりますが、むしろ、異なったものとの出会いを避けようとする傾向にあるっていうか。

ハリス 打たれ弱くなってますよね。

山崎 だからこの雑誌はそういう世代にも届けたいっていうのがあって。「そうじゃないよ、移動って楽しいんだよ」と。

ハリス どこかへ移動することって、やっぱり楽しいし、大切なことだと思うんですよ。若い時に、日本という国を外から見るということはやった方がいい。これまで住み続けてきた環境から離れた時に、自分はどうなるんだろう？という体験をもっとしてほしいですね。よく思うんですけど、経済不況が長く続いたり、また何か事件が起きると、国民ってだいたい目が内側に向きがちなんですよ。これは日本人だけじゃなくて。今ってその時期じゃないですか？　不況の中で生まれ育った若者は、そうやって社会にアダプトしてきたんだなって思うんですよ。もちろん、それは悪いことではないけれど、内側ばっかり見るようではまずいですよね。国内のことには関心がある一方で、海外にはあまり興味ない。「日本は住みやすい」とよく言うけど、海外に行って比較しないでどうやって分かるんだよって。確かに日本は便利です。でも、そうやって思うのって、ある意味では罠なんですよね。「じゃあ、この国にいればいいや」ってなっちゃうから。

山崎 思考停止になっちゃいますからね。

ハリス そうですね。海外に住むと海外の生活に慣れる。僕はそれが楽しいんですよ。近くにコンビニがなくても気にならない。歩く距離が5倍になれば、それをも楽しむんです。そういうことができるようになると、もっと海外に行きたくなる。あとね、いろんな国に行けば、その街の性格が分かる。そして、そこで営まれる生活にはそこにしかない魅力があるんです。そういった新しい環境の中にいる自分って、新しい自分じゃないですか？　そういうことこそ発見してほしいですよね。日本では起こり得ないような出会いとかもあるだろうし。経験することで違う自分を発見できるわけで。そういったチャンスを逃してほしくない。だから、僕から何か伝えられるんだったら、「車なんて買わなくていい。別に恋愛したくないんならしなくてもいい。でも、旅だけはしなよ」って言いたいですね。

シャット・アウトしちゃいけない。そうじゃなくて、現地の音に身を委ねることをむしろ僕は大切にしてるんです

山崎 もう1つ気になるのは、インターネットが発達したことで、旅を簡単に疑似体験できてしまうことで。行きたい国の情報を事前にネットでチェックしてから実際に行って、確認作業をするみたいな。

ハリス ですよね。旅先でもネット・カフェにずっと入り浸ったりしてね。

山崎 確かに日本人同士で溜まったりします。

ハリス どうしても「家を持って歩いている」みたいな感覚から離れられないんですよね。昔はそういうことはあまりなかったんですよ。ガイドブックも今ほどなかったから、現地で旅人からヒアリングしなきゃいけない。「次の国境って開いているのかな？」とかね。僕が中東を旅した時も、聞いて周ったりしましたよ。コミュニケーションってそこから生まれるわけじゃないですか？そういうのが今、なかなか減って来ちゃってて。SNSとかで済んじゃいますからね。ポジティヴに考えたら、今はいろんな旅ができるんですよ。選択肢が増えたわけだから。貧乏旅行も贅沢な旅行もその人次第で。だからこそお金を持っている人はその両方を経験するべきだと思うんです。ただね、バックパッカーのような貧乏旅行にも落とし穴が実はあるんですよ。要するに心が貧乏になっちゃうんです。「何が安いか？」だけを考えてしまって。それは必ずしも良いことではない。視野がどんどん狭くなっちゃうから。

山崎 まさしくですね。ところで、飛行機の中とか、移動中って何して過ごされています？

ハリス 飛行機では映画を観まくりますね。寝ればいいのに、ずっと観ているんですよ。僕、映画大好きなので。でも離陸と着陸の時だけは寝ています。「離着陸の時に寝ると、一番良い睡眠がとれる」って教えてくれた人がいて。

山崎 映画みたいなアミューズメントがない時はどうしますか？

ハリス だいたい本を読んでいますね。いつもね、本を持って行き過ぎちゃうんですよ。軽い旅のエッセイやパルプ・フィクションから、ちょっと中身の濃いものまで。それと旅の日記は必ず付けていますね。今思ってること、食べたもの、そういうことを細かく。いつ、それを題材にするか分からないので。あと、カフェの名前とかって忘れ

ちゃうから、メモしておくといつか役に立つんです。だからね、僕、旅のノートをいっぱい持っているんですけど、全部埋まってないんですよ。1回の旅に1個って決めているんで。

山崎 僕もいつも本を持って行き過ぎます。でも、読むのがなくなる状態が怖くて。

ハリス 嫌なんですよね、手持ち無沙汰になるのが。あと、ムードによって読みたい本って変わるんですよね。モロッコに行った時は紀行文を書くために行ったんですけど、鞄の中にポール・ボウルズの『蜘蛛の家』を入れていたんですよ。あれはモロッコのフェズが舞台の話なんですね。いざモロッコに着いてみると、全然読みたくなくなっちゃって。「モロッコにいるんだから別に読まなくていいじゃん」という気持ちになっちゃった（笑）。実際に目にしている光景の方がすごいから。それも失敗しましたね。本に関して言えば、バックパッカーの宿って、みんなが置いていった本がライブラリーになっているのが好きで。交換できるんですよね。あのシステムは良いですね。

山崎 他に、必ず持って行くものってあります？

ハリス ノートブック、本、ウイスキー。フラスクをいっぱい持っているんですよ。あれがあると飛行機とか歩いている時とか、飲みたくなったら一杯ひっかけられるから（笑）。それから洋服だとジーンズとTシャツ。あと、旅先で良いレストランに行きたい時は、ジャケットくらい持って行きますね。たまに小さいサイズのバックギャモン・ボードを持って行くくらいかな？

山崎 そうなってくると、本の割合が大きいですね。

ハリス 大きいですよ。本は大切ですね。逆にね、持っていかないのは音楽。音楽があると自分で演出しちゃうじゃないですか？　現地の音楽を聴かなくなってしまう。現地を歩いていて耳に入ってくる音って、すごく重要だと思うんですよ。安い町のレストランの中で流れる現地の歌謡曲とかね。あと、バリ島の田舎で聞く、虫の声とか蛙の鳴き声とか。車の中では現地のマーケットで買ったカセットやCDをかける。自分で演出するのはそれくらいで、あとは自然に耳に入ってくる音を聞くようにしてますね。

山崎 好きな音楽ばかり聞くのって、自分の日常がそのまま移動しただけってことですもんね。

ハリス そうなんです。それじゃつまらないんですよ。例えば香港に行ったら香港のあの甘い歌謡曲、モロッコではアラブ・ミュージック。犬の喧嘩する声や、現地の人が喋っている声も大事。要するに、旅先で耳を塞ぐなってことなんですよ。シャット・アウトしちゃいけない。そうじゃなくて、現地の音に身を委ねることをむしろ僕は大切にしているんです。旅のムードに浸れますから。

『アウトサイダーの幸福論』
〈集英社〉

『世界を50年間も放浪し続け学んだCOOLで自由な人生哲学』
〈ノースヴィレッジ〉

[blog]
web-bohemian.sblo.jp
[facebook]
www.facebook.com/RobertHarrisExiles
[twitter]
twitter.com/harrisaphorism

no.3

MIKI IMAI

今井美樹

対話　山崎二郎

過ごせる時間の長さというより、深さがあるような気がしますね

3年前、50歳を前にして彼女は大きな決断をした。住み慣れた東京からロンドンへの引越しを。音楽活動から生活すべてにおけるシフト・チェンジ。そして、この6月にロンドンに移ってから初めて作られたアルバム『Colour』を発表。公私共のパートナーである布袋寅泰を始め、シャーデーのメンバー、アンドリュー・ヘイル、インコグニートのブルーイ、サム・スミスを手掛けるサイモン・ヘイルといったロンドンのミュージシャンと共に作ら

れた作品からは、とてもいいヴァイヴが伝わってきた。大きな移動をすることで得た成果、気付き、何より歓び。多くの移動主義者が参考となる話ばかりだ。

このスピード感こそ人間らしさを取り戻させてくれたというか

山崎 ロンドンって、街のサイズがコンパクトで住みやすい、移動しやすいと思いました。

今井 東京って結構街がワイドですもんね。そうなんです、ロンドンではバスと地下鉄での移動が当たり前になって、夫もギター・ケースを担いで地下鉄に乗って、スタジオまで行ったりしていますよ。東京との一番の違いは、なんというか……急がないスピード感(笑)。最初はイライラしましたけど、このスピード感こそ人間らしさを取り戻させてくれたというか(笑)。東京にいると合理的に考えてしまい、やらなきゃいけないことの間に、ついでで用事を入れちゃうんですよね。それで、時間に縛られてアクセクと苦しくなっちゃう。でもロンドンでは、詰め込んでもスムーズにいかないから無理はしない、という発想になる。その分ゆっくりランチしたり、話が弾んだり、ゆったりと美味しいお茶を飲めたり……。逆に言うと、「1日でこれだけしかしていないけど、いいのかな？」と思う時もある(笑)。とにかく自分達のファミリーのための時間を確保することが前提で、もちろん仕事はキチンとやるけれど、家族の時間がとても大事だということがベーシックな考え方なんですよね。時間の使い方が変わると、こんなにも心の持ちようが変わるものだって気付きました。

山崎 ロンドンは自分に向き合ったり、じっくりと思考を熟成させたり、創作するのに向いている街だと思いました。東京にいると情報が多過ぎるし、スピードが速いから、自分に向き合うことが難しいんです。

今井 そうですよね。不便と考えるか、心にゆとりをくれると考えるかで、全然違いますよね。そして私は、この年齢になったから、というのも大きく影響してると思います。

山崎 「Right Time, Right Place」と言いますけど、まさに必然として今の時期だったと。

今井 本当にそうだなと思います。頭のコンピューターは追いつかないですけれど、心は今だからこそ、いろんなことが受け入れられるような気がしますね。

山崎 ロンドンの食事はいかがですか？

今井 ジェイミー・オリヴァーという人気ある料理人の出現が大きかったようです、こんなにも変わるのか？っていうくらい。男の人でシェフになりたいという人が増えたらしいですよ。知人の家に招かれても、男の人が自ら料理を振る舞うことも多いです。カラフルで目にも美しいお料理が15分とか30分でできるという、ジェイミーの料理本がよくできているから、みんな食に対しての興味が強くなったんじゃないかな。あと、食のグレードが上がったのは、フランスからの影響が大きいかと思います。EUになったことや〈ユーロ・スター〉が繋がったりして、「ワイン文化が入って来たことも大きいんじゃないか？」と友達が言っていて。20年前、ロンドンに初めて行った時の、「食べられなくて毎日泣きたい気分だったの」とはまったく違いますからね(笑)。

山崎 週末にイーストでやっているマーケットもすごく賑わってますね。

今井 はい。我が家の周辺エリアにもサタデー・マーケットがあって、野菜、お肉、海鮮、デリと、いろんなものがちっちゃいスペースにぎゅーっと揃っていて。街のあちこちでマーケットをやっているので、週末に公園に出ることをみんな楽しみにしています。「あそこ行った？」と、友人達との話題も、美味しい物が買えるフードマーケットのことは多いです(笑)。

さりげなく、何気ないんだけど、いいっていうのは、ちゃんと呼吸してる感じがするんですね

山崎 ロンドンを拠点に、郊外とかパリとかいろんな地域に行かれたりしていますか？

今井 娘の学校もありますから、まだなかなかできないんです。長い休みになると仕事ギュウギュウのスケジュールで東京に帰ってきちゃうので、「お母さんはいつお休みをもらえるのかな？」って感じなんですよね(笑)。夫とはずっと「車で家族とパッと出掛けて、１泊して帰ってくるみたいな旅をもっと増やしたいね」と話しているんです。そういう気軽に「楽しそう、いいね」という感じの情報はいろんな人から聞くので、「じゃあ次はトライしてみよう」っていうウィッシュ・リストが、きっと彼の中にはいっぱいあると思います(笑)。

山崎 それがいっぱいあるのって、幸せじゃないですか！

今井 そうですね(笑)。ささやかなウィッシュができるのって、やっぱり楽しいですよね。新作に入ってる「Anniversary」という曲で、〈毎日がそうアニバーサリー〉と歌っているんですけど、ささやかな出来事だけれども、１つひとつが思い出となり、積み重なっていくことって大切じゃないですか？　例えば、「今日は風が強いけど気持ち良さそう」って、娘を学校に送った後の30分、そんな話を２人で紅茶を飲みながらできることの大切さ。東京だと、その時間さえ慌ただしかった気がしますから。毎日毎日、のんびりと過ごしているわけではないですけれど、過ごせる時間の長さというより、深さがあるような気がしますね。

山崎 「深さ」という感覚は、なかなか分からないです。

今井 長く過ごしているという充実感ではなくても、短くともその時間をすごく味わってるという感じがするというか。なんか、心の中にヒリヒリする気持ちがなくなったんですよ。ロンドンの生活に馴染んできた時期に「私、なんかヒリヒリしてない」って思って。「ということは、ヒリヒリしていたんだ！」って。イライラもアクセクももちろんしますが、なんだろう？　ざっくりした傷じゃなくて、いつもシャーッと引っかかれるような擦り傷の痛さって言うんでしょうか？　それがずーっとあったというか……。それを感じないだけで、こんなに心が楽になるんだって。ロンドンに住んであっという間に3年が経とうとしていますが、みなさんに「ロンドンはね、ロンドンはね」と言いたいことがあるわけでもなく、まだまだ知らないことだらけで、ただ毎日を一生懸命に歩いているだけですけど、こうしてお話して振り返ってみると、ずいぶんと自分の中の変化があることに気付きます。毎日が次々に積み重なっていくと、過ぎ去った瞬間のことって忘れてしまいがちじゃないですか？　でも、今を感じられていることが、ものすごく大きくて。さりげなく、何気ないんだけど、「いい」というのは、ちゃんと呼吸している感じがするんですね。だから「あ、これは忘れたくないな」という何かを、走り書きのように記して、今日の日付で刻印を捺す。そんな気分で作ったのが、今回のアルバム『Colour』なんです。

山崎 今のお話をうかがって、今作の音が生まれたことが必然であることを理解できました。

今井 例えば、何枚も重ね着していた服を１枚ずつ脱いで日差しに当たっている自分がいたり、雨が降ったらその時はフードを被って走って行けばいいやっていう感じ。「あ、傘がない。どうしよう！」と思わなくなったのが、今までとは違いますね 。「ま、いいか」という発言が多くなりました(笑)。この先、何と出会うか分からないけど、それはそれで「あぁ、新しい景色があるってことに気が付いた」とか「何があるか分からないけど、まぁ歩いてみようかな」とか「疲れちゃったら立ち止まればいいじゃない」と、思える。いしわたり(淳治)さんが書いてくださった歌詞で言うと、〈正しい答えは　きっとないのね　人生っていつもそう　少しのヒントがあるだけ〉っていう……ね。

楽ちんなのは今の瞬間だけだから、1秒後には過去になっちゃうから

山崎 今井さんのキャリアはトライにつぐトライの連続でしたよね。

今井 トライする中で、聴く人のことより「自分がトライしたい」という気持ちをギュウギュウに詰め込んでいた時期も確かにあるんです。普通にまっすぐ歩くことができたはずなのに、自ら右に行ったり左に行ったりして。「まっすぐ歩いていいんだよー。こっちおいでよっ」と、スタッフはみんな思っていたと思うけど、でも彼らはそこを歩かせてくれました。そして、ようやく今、聴いてくださる人が楽しくなるようなアルバムが作りたいって思います。反省と心からの感謝ですね(笑)。

山崎 松任谷由実さんの名言を思い出しました。「変わり続けるために変わらない」と。トライしていくことによって芯の部分がキープできたというか。

今井 そうですよね。「もう捨てたい」って思っても絶対に捨て切れないから、「捨てる！」くらいの覚悟を持たないと新しくはなれないと思ったんですね。実際、捨てたと思っていても、本質のところは、影のようにずっとくっ付いているし。でもあの頃、意識じゃなく本能的にそのことは気付いているから、チャレンジすることを選べたんだと思います。「変わりたい」と思って、例えば、観る映画の種類を思いっきり変えてみるとか、長い時間を費やして色々とトライしてきましたけど、でも結局「色々とやっても、私はこういう自分なんだ」というところに辿り着きましたね。そして今度は「こういう自分をみんなが欲してくれているなら、それを出し続けなきゃ」とそこにハマっていき 、また苦しくなりました。よく「ほんと、変わらないですね！」なんて言われるんですけど、それはとても努力が必要なんです(笑)。

山崎 トレーニングしてないと筋力が落ちるのと同じように、普通には維持できるわけがないですよね？

今井 そうですね。年齢と体のバランスは大きい壁ですね。そして、今までの自分の癖を矯正しながら新しいことに向かっていくのは、ゼロから始めるより大変かも。だから、みなさんには、さりげなく見えることも、自分の中で段階を踏んでちゃんと準備しないと、「今井美樹らしく」出すのは容易ではないんです。いつまでたっても新たな壁が目の前に立ちはだかってきます。でも今回は、いろんなことが今までとは同じようにできないという、新しくも不便極まりない、「郷に入れば郷に従え」という

ような環境の中だったので、逆に「これだけはレコーディングをする時に大事。これをしないとレコーディングには向かえない」という自分の中で必要な最低限のことだけを守って、あとは、やるだけでした。東京にいた時みたいに、いろんな準備をして、心身ともにコンディションを整えてレコーディングに向かうということができないですから。自分だけでやると、やっぱり思ったより理想には到達できなくて、それでも本番に向かわないといけないという怖さと焦りがあり……。それで一生懸命汗だくになって、1曲歌うのにTシャツ3枚くらい着替えていましたからね。それぐらい力んで力んでやっとできて、疲れが出て来て、力むこともできなくなってきてから、ようやくポッと何かが出てきて。ものすごく無駄な時間を費やしながらレコーディングしていきました。

山崎 いや、それは無駄じゃないんじゃないですか？

今井 うん。私にはね、それだけの時間が必要だったし、かかっちゃったんですよ。もう、疲労困憊だったんです、レコーディングの最中は。だからこそ、聴いてくださったみなさんに「気持ちがいい！　やっぱり声も変わらない、瑞々しくって」とかおっしゃっていただけると、「あ〜！よかった！」と(笑)、嬉しかったです。これまでのように、自分との闘いでの「これを捨てたい」とか「もっとああしたい！」とかでなく、それぞれの曲の主人公の気分とか、風に吹かれた時のシャツの揺らぎ方とかを、それぞれの曲をウィンクできるぐらいの気持ちで歌えるようになったら、大の音楽ファンの自分が、もう一段階先に行けるのかな？という気がしますね。「力んで何かを」というトライじゃなくて、今のロンドンでの日常の中で、生活は「ま、いっか。いいんじゃない、殻を脱いでも」と思えるようになったんだから、音楽もそういう風になっていけるんじゃないか？　そんな風に音楽と関われるようになったらいいなって。50代になってからのこの新しい環境は、自分の意思でそうしたわけではないけれど、今は本当に夫に感謝しています。私達をこのタイミングで連れて行ってくれたことを。娘もあのタイミングだったから、いろんなことがスムーズでしたし、それで、自分にとって一番向かいたいと思う作品ができたら、こんな幸せなことはないですよね、それを聴いてくださる人達が喜んでくれるなんてことがあったらね……。うん、今まで長い間悩んできた甲斐もあるかな？って感じですよ(笑)。

山崎 アガきをやめてしまったら、瑞々しさってあせちゃうんじゃないか？って。

今井 うん、そうですよね。楽ちんなのは今の瞬間だけだから、1秒後には過去になっちゃうから。

今は迷うことにも十分に充実した時間を使いながら迷いたいかなって

山崎 今日お話うかがって思ったのは、不器用なまでにまっすぐ、ですよね？姿勢が。

今井 (苦笑)。

山崎 これだけ長くやってきて、もっと楽に合理的にやれる方法をいくらでもご存じだと思いますけど、知っているのにやらない。敢えてぶつかってトライしていく。そうしないと見えないものがあると分かってらっしゃるから。

今井 結構強情なんですかね(笑)。「趣味は何ですか？」という質問って、困るんです。というのは、若い頃、私は1日中音楽漬けな生活を送ってきて、それが「趣味」と言えました。CDをいっぱい買ってきて、新しく好きな音楽に出会うと、それを音楽仲間と分かち合ったり……。そんな風に、1日中ガンガン音楽がかかっている生活も、１人暮らしだったからできていたけど、結婚して自分だけの時間と空間じゃなくなって。子供もできてやるべきことが増えて、あんなに音楽ファンだったのにプライオリティが変わらざるを得なくなりました。とりあえず何か音楽をかける……というような。昔はあんなに探して探して、聴きたい音楽をかけていたのに、BGMとしてただ音楽が流れている……だけになっていることに、寂しさも悲しさもありましたね……。でも今、ロンドンの生活の中で、娘が学校へ行き、夫が仕事に出掛けて、自分だけ家にいる、そんな１人を味わえる時間の中で、久しぶりに音楽を楽しんでいます。今の自分をアゲてくれる、逆になだめてくれる、寂しいんだったら、思い切り寂しくさせてくれるような。やっと久しぶりに、そんな時間を持てるようになったのが嬉しくて。私にとって音楽は、捨てても捨てても、絶対に切り離せないもの、自分を自分でいさせてくれるというかね。これから先、どんな風に音楽とまた出会っていくか分かりませんけれども、やっぱりね、アガくと思います、だって、大好きなものに対して心が興奮するし、楽ちんに眺めてはいられないから。アガいていても道を歩けることは、今までの経験上知っているし、歩きさえすれば、どこかに辿り着ける。今は迷うことにも十分に充実した時間を使いながら迷いたいかなって。時間がない中で迷うと「いいやこれで」って選択して、心にずっと引っ掻き傷みたいに残ることがあるから。でも、一生懸命悩んで出した選択は、吟味して逡巡して決めたものには、それなりの理由があるし、自分の責任なので、覚悟があります。だからそうできたらいいかなって思います。

山崎 ご本人に大変僭越ですけど、長いキャリアのアーティストなのに、今後の伸びしろ感をすごく感じるのですが(笑)。

今井 (笑)これからの方が楽しみ。最後まで悩み続けてできたアルバムなので、逆に今、とても新鮮です。こうして世に出た後って、人からのプレッシャーじゃなくって自分で自分にプレッシャーをかけたりしませんか？　私は、人がどう思うか？よりも、自分の心が素直に動いているか？動いてないか？の方が結構大事で。流行っているものでも、少数のものでも「私はこれが好き！」という感覚に正直に向き合いたいっていうことだけは、自分の信条としてあるような気がするんですね。でないと迷うんです。基本的にものぐさなので、自分のアンテナが反応したことに心が震えたなら、そこにハマりたい、心がグッと動いたものなら、狭いエリアでもいいと思っているから、意外と知らないことが多いんです。だけどそれをあまり寂しいとは思わないんですね。狭くてもいいやとは思ってないけど、狭い中に何かがあると思っているから。深さがあればいいというか。

『Colour』
発売中〈Virgin Music〉
[web]
www.imai-miki.net
[facebook(staff)]
www.facebook.com/imaimiki.staff

MEETING no.4

NAOYUKI HONDA

本田直之

対話　山崎二郎

移動しながらでも生きていける。
旅するような人生を送れるようになって来ている

1つの場所に居るのではなく、ハワイと日本に居を構え、その2つを行き来しながら生活、仕事するというデュアル・ライフの先駆けである本田直之さん。「少ない労力で多くの成果をあげる」レバレッツ・マネジメントを提唱し、企業のコンサルティングをおこないつつ、数多くの著作を刊行している。中でも、『Less is More 自由に生きるために、幸せについて考えてみた。』〈ダイヤモンド社〉、『ノマドライフ 好きな場所に住んで 自由に働くために、やっておくべきこと』〈朝日新聞出版〉、『7つの制約にしばられない生き方』〈大和書房〉など、個的かつ自由なライフスタイルを記した書籍からは、強くインスパイアされました。8月に新刊著作『Travel Life（仮）』が〈マガジンハウス〉より刊行予定。前号に続いて、ご登場いただきます。

魅力的な人だったりライフスタイルがあればそういう人が加速度的に集まる

山崎 本誌の創刊号でお会いしたのが1年前でしたが、その後、どのような移動をされていましたか?

本田 1年間、海外はいつもと同じような感じで行き来していました。1年の半分はハワイ、3カ月は日本、2カ月はヨーロッパ、ニュージーランドとアジアに1ヶ月、という風に。でも、今、日本の中での東京以外のヴォリュームを増やしていて。東京じゃない、いろんな地域に魅力を感じてきているので、日本国内の旅も増えてきてますね。

山崎 国内はどこに行かれたんですか?

本田 九州が多いんですけど、福岡、大分、宮崎、あとは高知、神戸、京都、大阪、金沢、新潟、札幌、という感じです。新しい本の取材のためもあるけど、「脱・東京」っていうライフスタイルの実践というか。東京と完全に切れるわけじゃないんだけど、住む場所だけは自分にとって快適な生活を送れる場所にしようよっていうあり方ですね。東京というエリアに縛られないで、自由な居住をしようという感じの。今、そういう考えの人が増えてきているんですよ。僕自身も元々それが理由でハワイに移住していましたからね。そういう人は完全移住というよりも、東京に仕事のヴォリュームが大きかったりするので「二地域居住」のように地方6割、東京4割のような移動生活みたいになるんです。

山崎 前回、福岡の暮らしやすさについてはお話しいただきました。北の方ではいかがでしたか?

本田 例えば新潟は十日町の松代で4年に1回、アートトリエンナーレ(『大地の芸術祭 越後妻有アートトリエンナーレ』)をやっているんですね。あの地域はモダン・アートで町興ししていて、世界的にも有名なんです。やっぱり魅力的な街には人もたくさん集まってくるんでしょうね。国内だけじゃなく、いろんな国から人が訪れているんですよ。あの街は独自色があるし、そういうオリジナリティがある場所は、こうやって人が減っている中でもどんどん人が集まるわけです。これまでは東京に集中していたのに、自分で良いところ見つけて、地方にすごい勢いで分散していっているというが、この1、2年の大きな流れかな、と。

山崎 札幌とか福岡とか大都市にはライフスタイルの基盤が既にありますけど、新潟の小さい街っていうのはモデル・ケースになりますね。

本田 そうですね。大体街って10年くらいで変わるんですよ。10年ぐらい前には何もなかったようなところが、10年の間にちょっと面白い奴が移住してきたり、何か集まってきたりして変わっていくんですね。松代も00年から始めて15年間で劇的に世界の注目度が上がっているし。福岡の糸島なんかも〈サンセット〉というカフェができて、そこでライヴをやったりして盛り上がってる。

山崎 最初は個人レヴェルの動きから始まったんでしたもんね。

本田 そうなんです。でもそれが今、糸島といえばみんなが行きたいところ、住みたい街みたいになってて。街って進化できるし、魅力的な人だったりライフスタイルがあれば、そういう人が加速度的に集まる。そうすると街の雰囲気も変わってくるんです。

山崎 個人が始めた点が、同じ意識を持った人達がどんどん集まっていって、やがて面になっていくのが素晴らしいですね。

本田 うん。その街独自の生き方があると、本当に街って魅力的になるんですよね。海外だと、オーストラリアのバイロン・ベイやヌーサもそうだし、アメリカだったらポートランドとかね。そうやって街が変わっていくのは面白いなって思います。進化を拒否したところが進化しているっていう感じで。昔は街にモールができるとそれが進化であり便利になると思われていたんですけど、今は魅力的な街というのはそういうのを意外と拒否している街だったりするんですよね。ヨーロッパなんか特にね。ナショナル・チェーンを拒否したり、スロベニアなんて、〈マクドナルド〉が2回進出したんですけど、2回とも失敗して撤退しているんです。前にスロベニアの人と話したら「あんなプラスチック・フード食えるか」って(笑)。「私達にはこんなに良い食べ物があるのに食う必要がない」というわけですよね。すごく何かを守っているというか。進化していくとだんだん均一になっちゃうんです。一時はそれで便利になるとは思うんですけど、同時にその国や街の持っていた独自色を損ねてしまうことになりかねないんです。

山崎 短期的に見れば便利だけど、長期的に見てそれが良いのかっていうと分かりませんからね。

本田 だから、アメリカは旅行していても面白くないんですよね、最近。特に田舎なんて、どこも似た感じになっているんです。〈ウォルマート〉、〈ベスト・バイ〉、〈マクドナルド〉があって。そうじゃない独自色が残ってるところに魅力があると感じてしまう。ポートランドなんか全部拒否したから、近年人が集まっているわけですよね。あの街にはオリジナルの生活様式が根付き始めていて、見ていて面白いですよ。ブルックリンもそうかもしれない。そういう街の魅力だったり、人のライフスタイルだったり、テクノロジーだったりが絡み合って、人間の生活の有様が、現在大きく変わって来ているんじゃないかな？　モビリティがすごく強くなってるっていうか、この間、『モバイル・ボヘミアン』というトーク・イヴェントを四角大輔とやったんです。ちょっと前は「ノマド」というテーマで話していたんですけど、ノマドって言葉がしっくりこなくなってきちゃって。僕らはライフスタイルの意味でノマドという言葉を使っていたんですけど、いつの間にかカフェで仕事をするワーク・スタイルみたいになっちゃったんですよね。オフィスを持たずに仕事をしよう、みたいな。「僕らが言いたかったことが誤解されているね」って、大輔と話しました。本当に目指していたのはボヘミアンみたいな生き方だったわけだし、それは縛られずに自由に生きることを意味していたんですよ。そういう生き方って昔は大変だったと思うんですよね。でも、今はテクノロジーのモビリティが噛み合ったことによってもっと機動力が増えたし、1人で企業レヴェルの仕事ができちゃったりするわけで、昔に比べて相当、そうした生き方を選びやすくなっています。「iPhone」1つで仕事ができちゃったりしますからね。単純な話、机の前じゃなくても、ビーチにいても。そうやって、テクノロジーがボヘミアンのライフスタイルに噛み合ったことによって、場所に縛られることがないロケーション・フリーな生き方ができるわけです。何かに縛られることがどんどん減っていくからこそ、移動しながらでも生きていける。旅するような人生を送れるようになって来ている。そういう、すごい良い時代になってるんですよ。

移動するのが好きな人ってチャレンジ精神を持ってるし、移動することで学んだり、発見したりとかするわけですよ

山崎 それこそまさしく本田さんが率先して実践されて来たスタイルなわけですよね。

本田 そうなんです。それが現在はどんどんやりやすくなってきていると感じます。僕は04年くらいからこういう生活をしてるんですけど、その時はまだ「iPhone」がありませんでしたからね。07年にハワイに住むようになった頃に、「iPhone」がリリースされたんです。今でも最初に使った時は身体が震えましたのを覚えてますよ。「これ、すげえ！」って驚いちゃって。だから日本に持って帰って来て、みんなに「すごいんだよ」と話したんだけど、「何言ってんの、キーボードもなくて使いづらいじゃない」とか言われて。たった8年前のことですよ。でも確かにリリース当時はここまでになるとは思ってなかった。ネットワークもまだ2Gだったから遅いし、仕事的にも完全に移動生活をするには物足りなかった時代ですね。

山崎 「iPhone」が発表された当時、「ブラックベリー」のCEOが鼻にもかけなかったと。どうせすぐ消えちゃうだろう、と。

本田 そうですねぇ。それが3、4年前ぐらいからですかね、ガラっと変わってきて。この前、大輔とも話していたんですけど、仕事で使うパソコンと「iPhone」の割合って最初は8対2くらいだったんですが、今は完全に逆転してる。昔だったら毎日パソコンを開いていたんですけど、今は開かない日がどんどん増えて来て、これは面白いなと。

山崎 机に向かってパソコンで仕事をするっていうことが、ルーティーンじゃなくなってきたということですね。

本田 仕事のヴォリュームが「iPhone」側に完全に移っていますからね。だからモビリティも上がって来てるわけで。最初に使い始めた頃に比べれば、かなり使いやすくもなってきていますし。あと、3・11でみんな、いろんなことを考えるようになったっていうのもあると思うんですよ。あの時、多くの人がこれまでの生活を一回見直して、新しいライフスタイルを模索し始めた。それが今、一気に実現できるようなレヴェルに変わって来たので、感度の良い人はそういう生活にシフトしているんです。「Apple Watch」が今後どうなるのかまったく見えないですけど、あれってモビリティが身体に引っ付いているようなものなので、あれが登場してもっと変わってくるかも。そうすると、もう1つライフスタイルが

進化を遂げますよ。

山崎 実際に使ってみての印象はどうですか?

本田 ちょうど試しているところなんです。いつもGPS機能の付いた時計型コンピューターを付けてトレーニングするんですけど、あれと「Apple Watch」の機能が全部一緒になって、医療もデータ取れちゃったりとかしたら、きっとこの先10年の楽しみになりますね。あとは音声認識とか自動翻訳のレヴェルも上がってきているから、語学も勉強しなくてもよくなってくるんじゃないか?と言われたりしてます。そうなるともっとモビリティが上がって、本当のロケーション・フリーが実現すると思います。言葉の問題がなくなり、国と国のボーダーがもっとなくなるんじゃないでしょうか?

山崎 特に日本人の場合、言語っていうのはとてもネックですし。それがなくなると、もっと移動がしやすくなりますね。

本田 人間って大昔は食べ物を求めて移動していたんですよね。何千年もの間。それが農業の発明によって定住するようになったんですけど、それ自体が革命だったわけで、やっぱり人間の本能の中には、移動するっていうことはすごく刷り込まれているんじゃないでしょうか。そっちの歴史の方が長いから。

山崎 だから、旅、移動って、理屈抜きに気分が高揚するんですね。

本田 移動しながらそこでまた新しいものを見付けたりとかね。人間がもし移動しなかったら、文化や文明ってこんなに発展していないし、世界もこんなことにはなってないでしょうね。歴史的に見たら、文化自体も移動しているわけですから。移動するのが好きな人ってチャレンジ精神を持っているし、移動することで学んだり、発見したりとかするわけですよ。昔はリアルに移動することで新しいテクノロジーを発見したりして。そういうことが今度起きると、現代版の移動生活がまた違う形で加速するようになるんだと思います。そうなるように人間の本能はできていて、その本能を加速させる道具が現代社会にはいっぱいあって。船や飛行機が発明されたことでモビリティは増えたけど、今はインターネットの発明が、昔の船や飛行機の発明というものに相当するんじゃないですかね。モビリティが上がっていろんなもの発見するようになり、それによって文化が変わっていく。そうすると個人のチャンスも増えてくる。すごい時代になってきたと思いますよ。だから、それを活用するか?しないか?で人生は大きく変わるわけです。モビリティを発揮しないで立ち止まっているとしたら、せっかく手に入る大きな機会をみすみす捨てることになるわけでもったいない。だったら、今の場所から離れてみたらいいんじゃないか?と思います。昔は船に乗って出たら二度と戻って来られなかったかもしれないけど、今は何のリスクもないし、コストもかからなくなってきたし。だから、やるか?やらないか?という選択を自主的にできるのはとても大きいんです。特に若い人は移動生活にそれほど抵抗感がないはず。僕らの世代くらいだと、まだ、定住して生きることに対する想いがとても強いから、いきなり「移動しろ」と言われても「え?」ってなるかもしれませんけどね。

山崎 モノに対しての執着もありますね。

本田 そうなんですよね。だから今の若い子達って欲がないとか言われるんですけど、裏返せばモノに執着しなくなってきたってことで、移動するのが当たり前になって来たことを意味してもいるんですよ。世代が若ければ若いほどその傾向にあるわけで。最近の小さい子供なんて、親が旅にどんどん連れていくから、旅するのが普通っていう環境で育って来ているんですよね。今の20歳くらいの子って意外とハワイに行ったことがないらしいんです。昨日も〈上智大学〉で生徒300人に質問したら、1割くらいしか行ったことがなくて。でも最近の5歳くらいの子供の中には、ハワイにもう10回くらい行ってる子もいて。そのギャップに驚きますよね。移動することに違和感がない人達がどんどん出てくるんでしょうね。僕らの時代は海外旅行に行くのって、まだ一大事だったから。空港まで誰かが見送りに来てくれたりして(笑)。でも、若い子達は海外に行くことを大袈裟なことだと思わなくて、ボーダーを越えるということに対する意識のハードルがメチャクチャ低いから。

10年後には、若い子達は移動しながら生きるのが普通になってたりするんじゃないかな？

山崎 今の子って、小学校の時からタブレットを使ってますし、そういうモビリティを物心つく前から身につけた子が大人になったらどうなるんだろう?という期待があります。

本田 10年後には、若い子達は移動しながら生きるのが普通になっていたりするんじゃないかな？「なんで一か所に住んでいるんですか？」みたいな。「そんなことをしてたら何も進化しないじゃん」って。

山崎 最近は僕でさえ、原稿を書くのはパソコンじゃなくて「iPad」ですからね。

本田 人から聞いたんですけど、最近の学生って論文を教授に『LINE』で送ってくるらしいんですよ。もう「WORD」を持ってないからって。それで教授がそのデータを自分で「WORD」に入れてあげたりしているらしいんですけど(笑)。もちろん、全員がそうじゃないでしょうけど。そう話したら、その場にいたある人が「最近の若い者は『LINE』で送ってくるなんてけしからん」って言ったんですけど、他の人が「ワープロが登場したばかりの時は、先輩にワープロ原稿を送ると、『何で手で書かないんだ。全然、気持ちがこもってない』と言われました」って。今だったら笑い話じゃないですか？　だから「WORD」もそのうちなくなりますよ。

山崎 もっと進化したら、頭で考えたことがそのまま文章になったりとか、するかもしれませんね。

本田 あり得ますよね。だからすごく面白いですよね。昔の大航海時代って、いろんな移動手段が次々に発明されて、今まで行けなかったところに行けるようになって、そこでどんどん新しい発見をしていったじゃないですか？現代も同じようなことが起きているような気がしていて。要は、テクノロジーのある大航海時代に突入したみたいな感じですよね。しかもそのスピードがメチャクチャ速いわけで。昔は100年スパンで考えなければ街も変わらないし、大きな発明もなかったものが、今は1年で、しかも個人レヴェルで大発見ができるようになっている。もう楽しくてしょうがないです。

山崎 本田さんがそのライフスタイルに先鞭をつけたわけですからね。「Apple Watch」を使ってみて、最初は情報がいっぱい入ってきて煩わしくなるのか?と思ったんですけど、逆にまったく「iPhone」を見なくなりました。

本田 僕が、パソコンを開かなくなってきたというのに近くなっているのかもね。

山崎 情報をシャット・アウトして自分に必要なものだけを抽出することができるデバイス

なんだなと分かってから、楽しくなりましたね。これでより自分に向き合えるようになるのかな?と。使い方次第なんですけど。

本田 今、「モバイル・ボヘミアン」と言っていますけど、そんなの10年後くらいには当然になってて、そんな生活をしている人ばっかりになるんじゃないかな?って最近よく思いますね。1つ上の世代の人が「定職も持たないで」と下の世代の人達に説教っぽく言っていたように、僕らみたいな定住が当たり前だった世代が、若い人を「そんな定住もしなくて」って批判している社会になるかもしれません(笑)。

山崎 そうですね(笑)。日本は移動しやすい国なんですよね。そういう意味では、大都市以外の各都市への移動が加速していくのかな?と。

本田 旅しながら生き続けることが日常になる日がそのうち来るんだと思います。旅をするっていうのは、常に何かにインスパイアされることでもあるわけだから、普通に定住してルーティーンの生活をしているよりも新しい発見は多くなると思いますね。そうすることで、昔の毎日新しい刺激を受けていた大航海時代が戻ってくる。移動しながら生活している人と移動しないで生活してる人の差が、すごい開くんじゃないかな?　僕の人生って振り返ってみると、旅からあらゆることがインスパイアされているんですよ。行動や働き方も、すべて旅を通じて自分が得たことをヒントに、具体的なアクションに落とし込んで生まれてきたもので。だから自分が旅をしないで生きていたら、一体どうなっているんだろう?とよく思います。僕でさえそう思うんだから、旅が日常になる時代の人達っていうのはもっとハッピーになると思う。そうした日常の中で、どんどんクリエイティヴな感覚が養われていくわけですから。

山崎 旅が日常になって来て、どんどんモノに対する執着心が減っていくと、逆に創造的な感覚が研ぎ澄まされていくと思うんです。

本田 移動しながらたくさんの物を持つことはできないから、できるだけ身軽でシンプルな生き方にしたいって思うようになるはずですし。

山崎 情報の取捨選択も必要でしょうし。

本田 そうですね。特に移動してるということは一か所にずっといないから、漫然とした生活をしないわけじゃないですか?　何かするにしても制限された時間の中で行動しなきゃいけないわけで。そうすると、すごく1日1日を大事にするし、会う人も大事にする。日常だと気付かない事を大事にできるようにもなる。人間って日々の生活があまりに当たり前に思っちゃうと、いろんなことを感謝しなくなったり、漫然と過ごしちゃったりすると思うんですけど、突然、「明日死ぬ」って言われたら生き方が急激に変わると思うんです。常に移動や旅をしているというのは、それに近いんじゃないかな?　毎回どっかに区切りがあるわけで、僕の場合、東京にいるのが明日までだったら、その間に誰に会うか?何をするか?をすごく考えます。移動をしながら生きることのメリットはすごく大きいんですよね。

「モバイル・ボヘミアン」っていうのも、これはライフスタイルなんだよって主張しておくことが大事だと思ってて

山崎 最近の著作を読んで、実際にお会いして感じるのは、本田さんはどんどんオープンで

柔軟な思考をされるようになっているなぁと。
本田「違うことが良いことだ」って思うようになりましたからね。別にみんな同じスタイルで同じ場所にいなくてもいいんですよ。日本も明治維新くらいまでは、一極集中じゃなかったわけじゃなく、昭和に入って急速に変わっただけで。昔は藩ごとにそれぞれオリジナリティがあって、わざわざ「江戸に行こう」なんて思わなかったわけです。そのあり方が失われてしまったのは大きいんじゃないか？とよく思いますね。一箇所に集中している必要はなくなって、もっと自分らしく、その人それぞれの生き方を見つけられるはずなんです。
山崎 今でこそTシャツでロング・ヘアというのは本田さんのトレード・マークですけど、最初は大変だったんじゃないか？と（笑）。
本田 そうですね（笑）。これで株主総会とか出ていて、「あのロン毛は何だ？」と（笑）。
山崎 新しいご著書はどんな内容ですか？
本田 とにかく旅から学んだこと、みたいな感じにしようかなと。去年だったらまだ早過ぎたけど、今はちょうどいい。なんかすごい時代の変わり目っていうか。今年くらいから僕の周りに移動生活する人が増えて、そういう人達がこういう内容の本を読むと、またそれを参考にしてやる人が増える。そうすると、1つのサイクルができて、5年後にはすごいことになっていそうです。「ノマドライフ」を書いたのは11年でしたけど、3年でそれが普通のワーク・スタイルになっちゃったので（笑）。だから「モバイル・ボヘミアン」というのも、これはライフスタイルなんだよって主張しておくことが大事だと思っていて。勘違いされないようにね。移動しながら生きるっていう大きな意味でのライフスタイルであって、ワーク・スタイルはそこに含まれているに過ぎなくて。
山崎 いつの間にか、効率よく仕事するための、みたいな矮小化されて捉えられちゃって（笑）。
本田 そこじゃないんですよ。僕が提唱したいのは生き方なんですよね。旅をしながら生きるっていうのは、仕事と遊びの垣根がなくなることなんですよ。
山崎 ライフスタイルという感覚も、ここ数年で急激に日本では浸透していますし。
本田 90年代から00年代にかけては、ライフスタイルを充実させると仕事が疎かになったり、逆に仕事を充実させるとライフスタイルが適当になっちゃうのが、よくあることだったと思うんですね。でも、今は一緒にできる時代になったし、そこが良い時代だなと思うわけです。
山崎 昔はライフスタイル＝何かにこだわること、と考えられることもありましたね。
本田 それがむしろ「こだわらなくていい」っていうことになってきて。ホント、自由な世の中が実現しつつあっていいなと思います。

『Travel Life（仮）』
8月27日発売予定
〈マガジンハウス〉

[web]
www.leverageconsulting.jp
[facebook]
www.facebook.com/naoyuki.honda
[twitter]
twitter.com/naohawaii

MEET ING

no.5

SAYA ICHIKAWA

市川紗椰

対話　山崎二郎

近いからこそ知らない街とかって
散策しないじゃないですか？
用がないから

クール・ビューティーなモデル。が、小西康陽プロデュースで5月にリリースした浅川マキのカヴァー CD『夜が明けたら』での、気怠い歌唱がものすごく良かった。で、同名の写真集も刊行。その艶やかさに驚嘆してばかりだが、それと同様にメディアを席巻しているのが、彼女の鉄道、アニメ、大相撲への深い造詣。中でも、車両だけでなく、寝台列車からローカル線までと、独りで移動を繰り返す、Movilistぶりについて、どんな風におこなっているんでしょう?

何かと別の目的に鉄道をくっつけて、というのが今のパターンですかね

山崎『夜が明けたら』のCDにはボーナストラックとして列車が走る音が10入っていましたが、このCD用に録ったのではなくて?

市川 元から持ってたもので、クオリティがまちまちなんです。

山崎 いつ頃から録り始めたんですか?

市川 古いものは10年前ぐらい前のもあるんですけど、ちゃんと録っていなくて。携帯で録ったりしていました。

山崎 その発想はどこから出てきたんですか?

市川 なんか、記念に記録に録ってただけで、いっぱいあった割には使える部分が少なくて。人の声が多過ぎたり、特定されちゃうのを抜いて。

山崎 記録として写真を撮るのではなくて、音の部分に着目したのが面白いですね。鉄道ファンの方達には多いんでしょうか?

市川 音好きな人多いと思います、ちゃんとした機材で録っている人達がいて、そういうCDはいっぱい存在するんですね。多分、モーター音だったり車両の音を聴くことで「何何線、何何系」というタイトルになると思うんですけど、それとは違って、私のは乗っている時の雰囲気と風情込みで、ちょっと環境音楽みたいな感じかな?と。

山崎 その視点に驚いたんですよ(笑)。

市川 それは差別化していますね(笑)。そうしたらクオリティが低くても許されるし、雰囲気を楽しんでもらおうということで(笑)。

山崎 質感こそいろんな感覚が宿るわけですから。

市川 疑似体験になったらいいかなと思って……。

山崎「リアルぼっち」、「闊歩」と、それぞれの音にタイトルがついてましたが、音からインスパイヤされて付けたんですか?

市川 乗っていた時の自分の気分、感情だったり、音そのもののイメージです。車両や路線のイメージとか。走る場所の季節によっても違うんです。

山崎 いつ頃から鉄道、移動に興味を持ち始めたんですか?

市川 鉄道そのものは子供の頃からずっと好きだったんですけど、自分で乗りに行き出したのは高校から。全部近場なんですけど。最初は「車両を観に行きたい」というところから、徐々に遠出して「この場所へ行ってみよう」という風に広がって。どこかに行く時には鉄道に乗らないともったいないので、何かと別の目的に鉄道をくっつけて、というのが今のパターンですね。「これを食べに行こう」とか目的に合わせて乗ったりしています。

山崎 まさしくその感覚をこの雑誌では出したいんです。旅行先でいっぱい観光するんじゃなくて、行き先の目的が1つだけでもいい。むしろそれにかこつけて移動しちゃうみたいな。

市川 そうすると行った先で色々と発見があり

ますもんね。「ここもここも見に行こう！」ってなると、ただの観光になっちゃうだけど、1つだけ決めておいて、あとは自由に土地を巡るって、いいですもんね。

山崎 事前情報がないと発見も大きいですし。

市川 そうですね。縛りがない方がいいですね。急いでもないですし。

山崎 最近はどちらに行かれたんですか？

市川 仕事で名古屋に行って、次の日に三重、桑名と四日市の方に行って。それは見たい線と踏切があったので。それに合わせて色々とご飯を食べるところを調べて。なので、基本的に線とご飯ですね。

山崎 あの地域は駅弁が充実していたような記憶が。

市川 関西本線ですかね。あの辺りって、〈近鉄〉も〈名鉄〉も〈JR〉もほぼ全部平行で走っていて、どれで行くかも選べちゃうのがすごく楽しいんです（笑）。ナロー・ゲージという、線の幅が狭い線路は日本中に3つしかないんですけど、近い場所にある2つを乗りに行くという。で、色々な発見があって面白かったです。四日市から出ている方が〈四日市あすなろう鉄道〉って、最近名前が変わったんですけど、すごく可愛らしい見た目なんです。パステル色で、車両毎にピンク、青とかが連なっていて。ナロー・ゲージなので小っちゃーい可愛らしい電車なんですけど、乗客がやんちゃなんですよ（笑）。そういう方々が可愛らしい車両に乗っている姿が、すごい微笑ましくって（笑）。新聞をガーンと乗せて配達代わりにその路線を使っている人もいて、終点でお兄さん達がバイクでそれを取りに来て配りに行くみたいな。そういう使い方を見られるのも楽しかったですね。

山崎 食事ではどんな発見がありましたか？

市川 桑名はハマグリが有名で、焼ハマグリは勿論なんですけどフライもあって、カキフライみたいな感じですごく美味しくて。ちょっと歩いたら賑わっているうなぎ屋さんがあって、入ってみたら、パリッとした焼き方がすっごい美味しくて。桑名はハマグリで有名だけど、実はうなぎもすごいんだなって。聞いたら、木曽川の天然のうなぎらしくて。四日市の方は豚テキが有名で、既にお腹いっぱいでも、食べられたらいいなって感じで行ったんですけど、やっぱり食べれず名古屋に戻って。ちょうど、〈近鉄〉の特急「伊勢志摩ライナー」の時間にピッタリだったから、30分だけなのに豪華な車両に乗って戻って。名古屋で何を食べよう？って思ったら、たまたま隣の人が観ていたパンフに載ってた海老カツ・サンドがすごく美味しそうだったので、行ってみました。

山崎 その時は全部で何時間くらいの移動だったんですか？

市川 午前11時くらいに出て名古屋市内に戻ったのが5時くらいですかね。よく美味しいお店の情報を車中で盗み聞きしています（笑）。車内では、音を聴いたり外を見たり、乗っている人をよく見てます。路線によってガラリと客層が変わる時があるんですよ。突然、学生がガッと乗って来たり、登山客っぽい人がいきなり乗ってくるのを見るのが好きで。個人個人を見るというより、全体的にどういう人達が利用してるのか？ということを見ます。

山崎 旅で周りを観察するのって、分かります。音楽とか聴いちゃうともったいないですよね。

市川 音楽は聴かないですね。

山崎 自分がその場ではマイノリティな違和感っていうのは？

市川 割とアウェイ感は好きなので気にならないですね。溶け込めたら、全然そっちの方が好きなんですけど、無理なのが分かっているので、開き直るしかなく、外国人観光客ぐ

らいの感じで、もう堂々とキョロキョロしています(笑)。

山崎 独り旅で最長の移動は?

市川 日本で一番長く同じ寝台乗っていたのは、今はもうないですけど、大阪から札幌の「トワイライト・エキスプレス」で22時間ですね。最初は東京スタートで、わざわざ大阪に行って、時間もそれほど潰さずに乗って。それも入れるともっと長い時間ですね。で、札幌に着いてすぐ函館本線に乗って小樽の方に行ったので、30時間以上乗りっぱなし、でしたね。

山崎 そんな時の車中ではどう過ごされます?

市川 あの中で揺られて、電車の音を聴きながら寝るのが至福なので、寝台は絶対寝る派です。

山崎 寝台の時の食事は?

市川 食堂車でも食べますし、停車駅でお弁当屋さんに予約するとホームまで持ってきてくれるんです。前に「トワイライト」に乗った時、富山駅を4時くらいに通るんですけど〈ますのすし〉のお弁当屋さんに電話して持ってきてもらいました。お釣りのないようピッタリお金は用意しておいてね。金沢でも同じように注文しましたね。

そんなガッツリ周ってない四国を、次は攻めてみようと思ってます

山崎 そういう楽しみもあるんですか!

市川 ありますあります! 「サンライズ出雲」とか「サンライズ瀬戸」は、社内販売や食堂車や自販機すらなくて。夜10時半に乗るので夕飯は問題ないんですけど、朝はお腹がすくので6時30分頃に岡山のお弁当屋さんに来てもらって、とかもやりますね。食堂車があれば食堂車で食べるんですけど、夜は事前予約が必要で、「トワイライト」が4日前までで、「北斗星」が2日前までだから、たまに忘れちゃうんですよね(笑)。

山崎 普段はご飯3食、普通に食べます?

市川 普段は朝はグリーン・スムージーだけにしていますけど、旅先ではそういうことを気にしなくていいように、普段は気をつけているという感じです。

山崎 移動には食事が醍醐味ですもんね。

市川 食事がなければ全然意味がないです。だから、旅先ではもうフード・ファイトです(笑)。できるだけ4、5食行きます。

山崎 お酒も?

市川 飲みます。最近、カップ酒が進化していて、すごいオシャレなんですよ。かわいらしい容器ですし。お酒そのものも土地の地酒なので、質も上がっていて。そういうのが駅や降りた先の酒屋さんにあったりするのでお勧めですね。

山崎 日本酒派ですか?

市川 基本、焼酎なんですけど、カップの焼酎はそこまで進化していないので(笑)。ウーロン・ハイの缶も意外と売ってないんですよね。

山崎 日本でまだ行ってない場所、ありますか?

市川 全然ありますあります。行ったことはあるんですけど、そんなガッツリ周ってない四国を、次は攻めてみようと思ってます。

山崎 九州や北海道はどうですか?

市川 両方ともかなり行きましたね。だから、四国と広島と和歌山のエリアですかね?次は。東北にいっぱい行ったとはいえ、山形にはそんなに行ってないし、北陸もいっぱい周ったけど、福井はそんなに行ってないしで。四国瀬戸内海エリアを把握したら、大分ファースト・ステージはクリアかな?って(笑)。

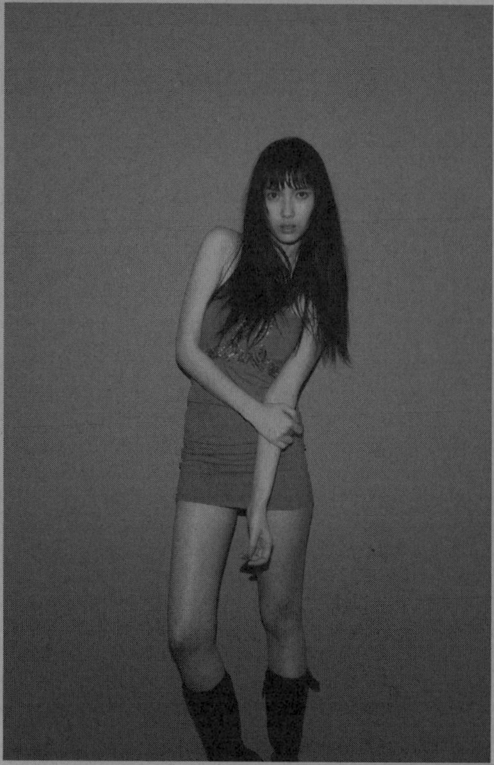

山崎 どれくらいの時間が空いたら行けちゃう、という感覚なんですか?

市川 日帰りだったら全然行けますね。都内スタートだとそんなに遠くまでは行けないけど、でも全然いいんじゃないですか? 長野まで新幹線で出ちゃえばそこからすごく広がるんで。新潟もその分すごく近いですから。静岡だと日帰りで結構周れますし。最近では友達が「行ってみたい」ということで鶴見線を周って海芝浦まで行き、海を見て「へー」って言って(笑)。今、紫陽花が綺麗なので、〈都電〉や〈箱根登山鉄道〉とか。〈井の頭線〉でもいいかなと(笑)。

山崎 〈井の頭線〉の超近場もアリなんですか?

市川 全然アリです。紫陽花込みの季節ものとして。でも、そんなに外とか見ないんですけどね(笑)。なんか、きっかけとして。

山崎 いやそのきっかけ、かこつけ系が大事だと。紫陽花っていう1つのキーワードだけで行っちゃうという。行ったら行ったで、さっきおっしゃったように他の楽しみが見つかったりして。

市川 紫陽花とかベタなのは、逆に近場の方が面白いかなと思います。〈箱根登山鉄道〉まで行かずに、〈井の頭線〉みたいな慣れ親しんだ場所をちょっと新しい目で見てみる。近いからこそ知らない街とかって散策しないじゃないですか、用がないから。遠くまで行ったら、どうでもいい街で降りるくせに(笑)、隣の次の駅とか、意外と行かないですよね。

山崎 (笑)都内のいろんな私鉄で、好きな線はどれですか?

市川 〈都営〉は乗り入れが命かつ複雑なので、いろんな車両が見られるんです。私鉄と乗り入れ前提で作っているから、線路の幅が〈都営〉同士でも違うので〈都営〉間で乗り入れができないっていう、かわいそうなところがありつつ。中でも〈浅草線〉が大好きで。それか〈西武〉ですね。歴史が複雑なので、路線によって昭和っぽい作りだったり、または大正っぽい作りが残ってたり、面白い踏み切りがあったりして。〈東武〉ほど派手でなく、それこそ乗り入れがまったくないのが〈西武〉なので(笑)。

山崎 確かに東京に住んでいながら〈都営〉で森下の方とか行かないし、降りたこともないし。

市川 〈浅草線〉にポンと乗っちゃえば、どこにでも行けるんです。〈京成〉や〈北勢〉に乗り入れたら全然別の場所ですし、羽田の方へは〈京急〉が乗り入れていますし。楽しいと思います(笑)。

山崎 海外でもその発想で移動しますか?

市川 海外でも行っています、鉄道で。アメリカは〈アムトラック〉とか。

山崎 移動時に必ずバッグの中に入ってるものは?

市川 携帯で何でもできちゃうので、携帯と水さえあれば。あと時刻表は持っていくかな(笑)。

写真集『夜が明けたら』
〈イーネット・フロンティア〉

CD『夜が明けたら』
〈TOWER RECORDS〉

[web]
saya-ichikawa.com
[blog]
saya-ichikawa.com/blog

THINKING GLOBAL, ACTING LOCAL

From 秩父・長瀞

① 

 ②

③ 

 ④

文　保泉友美（秩父地域おもてなし観光公社）

①長瀞は古くから埼玉の観光地として親しまれてきました。代表的なものと言えば、川下り。和船に乗り、船頭の巧みなトークで荒川の渓流を下って行きます。涼しい川風を切りながら、波しぶきの中を進みます。穏やかで静かな水辺は「瀞場」といわれる場所。エメラルド・グリーンの瀞場に岩畳が映えます。毎年8月15日に開催の『長瀞船玉まつり』は、元々、船頭たちが水上の安全を祈願して水神様を祀ったのがその始まりと言われています。祭りでは、夕刻になると約1,000基の灯篭が流され、提灯・雪洞をつけた船が水上を行き交い、夜には対岸から3000発以上の花火が打ち上げられ、頭上に広がる輝かしい華と渓谷に響く音の共演を楽しみます。

②自然が多い秩父の中で、川のせせらぎを聞きながら季節のジェラートを食べられるのが〈ジェラテリアHANA〉。隣接されている〈イニミニマニモ雑貨店〉では、セレクトされた雑貨も販売してます。③秩父は昭和初期頃まで「秩父銘仙」というブランド絹織物の産地として栄えました。当時は女性のおしゃれな普段着として、色鮮やかな柄の銘仙着物がブームに。④銘仙で潤った秩父の街並みはロマン溢れるモダン建造物が建てられ、その殆どの建物が、国登録有形文化財に指定されています。秩父の街中にとけ込むモダン建物を巡ってみませんか？

〈秩父地域おもてなし観光公社〉

情報発信や映画・ドラマ・旅番組などのロケーション・サーヴィスも実施。中高生を対象とした教育旅行で、秩父の民家に宿泊して生活体験をしてもらう「民泊」を行っている。

[web] www.chichibu-omotenashi.com

[facebook] www.facebook.com/chichibuomotenashikosya

*F*rom 草津 “街の特色を活かし、文化を引き継ぐ” 進化し続ける温泉文化のカタチ

文　小林真理

日本三名泉と呼ばれる草津温泉では、伝統芸能の湯もみと踊りを披露する施設〈熱乃湯〉がこの5月にリニューアル・オープン。木造の古い建物から、大正ロマンをテーマにしたスタイリッシュな建物に生まれ変わりました。リニューアル・ニュー・オープンしたのはここだけではありません。湯畑周辺には13年、温泉施設、〈御座之湯〉が開設。空き地だった駐車場には棚田型の広場が完成して、緑を鑑賞したり、入浴した後に涼める憩いのスペースに。

そう、これらは街の文化を発展させる一大プロジェクト。“街の特色を活かし、文化を引き継ぐ”というコンセプトの元、北山孝雄がトータル・プロデュース。お年寄りにやさしいバリア・フリー、美しく整えられた芝生など……、要所にあたたかい配慮も見受けられます。

古き良き歴史や風情を残しながらも、若い世代も楽しめる要素もたっぷり。物質的な豊かさから目覚め、だれもが風情や人の温かさを求めている時代。ここは都会から訪れる多くの人たちをあたたかく迎えいれてくれます。さぁ、日本一の温泉街として、魅力高まる草津温泉にムーヴしてみては？

北山孝雄 / きたやまたかお

プロデューサー、〈北山創造研究所〉代表。どんな生活を実現したいか？を発想の原点に、人を軸にしたまちづくり、くらしづくりを手掛ける。主な著書に『まちづくりの知恵と作法』、『24365東京』、『このまちにくらしたい うずるまち』。『2007毎日デザイン賞』受賞。『ふるさとイベント大賞』選考委員長。

[web] www.kusatsu-onsen.ne.jp

[twitter] twitter.com/hashtag/youlovekusatsu

From 名護

「映画制作は場づくり」終わらない街づくり

①

②

③

④

文　末吉 司
（名護まち活性計画LLP代表組合員）

①沖縄県名護市には「ぴんぷんガジュマル」と呼ばれる御神木があります。そのぴんぷんガジュマルに見守られるように名護の商店街は発展してきました。しかし時代の流れと共に商業機能としての商店街はその魅力が色褪せてきました。そんな中、映画を制作し、そのことが市民協働の場となり、地域外の皆さんへのアピールになるように平成25年秋から平成26年3月にかけて『がじまる食堂の恋』が制作され、秋に全国公開されました②③。

その後、映画を資産として「まちか散策」の観光コースの設定と、ロケ地めぐりのコースを地元観光協会等と協力して設置しました。また登場人物をアイコン化したキャラクターを作成し街歩きマップなどを制作中です。今後、これらをもっと市民の手あかをつけるように企画会議等に参加してもらい、街の映画を資産としてさらに有効活用してもらえるように、一般市民と商店街とのコラボによる商品開発を検討しています。映画制作は新しい街づくりのスタートであり、住民の共同作業の場でありました。そしてそれは現在もこれからも「ああでもない、こうでもない」と「オリオン・ビール」片手に議論することがなんとも楽しい時間なのです。映画その後、ぜひ名護の街で全国の皆さんと語ってみたいものです。メンソーレー④。

[web]『がじまる食堂の恋』gajimaru-shokudo.com
[facebook] www.facebook.com/nagomainstreet
www.facebook.com/yanbarutour

From アメリカ西海岸

映画『わたしに会うまでの1600キロ』

「何度もやめようと思った、でも歩き続けた。人生と同じだ」

文　岡田麻美

気軽な山歩きの経験もない女性が、たった1人で3ヶ月間、砂漠と険しい山々がそびえるアメリカ西海岸を南北に横断した。この自然歩道、パシフィック・クレスト・トレイルという超過酷なコースに挑んだのは、どん底もどん底、かなりのところまで落ちてしまった女性シェリル・ストレイドで、動機は相当根深い。それくらい、ちょっとやそっとの挫折経験では、乗り越えられない道のりである。彼女はその途方もない体験をまとめ、驚き称賛された手記がベストセラーとなった。リース・ウィザースプーンが熱望し、主役に迎えられて映画化されたのが本作だ。

友達のようなかけがえのない母を、45歳の若さでガンで亡くしてから、大学生のシェリルは壊れていく。結婚していても寂しさから男遊びが止まらず、浮気相手と家出し、夫が捜し出してくれるまで、ヘロインに溺れていた。誰の子供かも分からない子を身ごもる。夫をまだ愛しているのに離婚したのは、シェリルの度重なる浮気のせいだった。

「人生には、バカなことをしなきゃ、乗り越えられない時がある」

いちからやり直すと決めて、ケジメの挑戦に選んだこの道は、人生よりも厳しかった。スタートしてすぐに、「バカなことをした」と後悔するほど、大量の荷物を背負っての旅は身体を疲弊させるし、夜は暗闇と野生動物に脅えて眠れやしない。水も食べ物も底をつき、命の危険にさらされながら、自分と向き合う。向き合いながら移動し、ひたすら歩く。すると次第に、目の前に広がる雄大な光景と、過去の経験が重ねて浮かび上がるのであった。移動する途中、一期一会の人と出会い、自然の生き物と出会い、我々が生きる大地を実感する。温かい食べ物の尊さ、思わず靴を落とすほど疲れ果てて見た山頂からの絶景、街で出会った男と一晩の欲情。日常を離れ、移動しながら、大自然の呼び声を自分なりのやり方で受け入れたことで、混乱した現代女性は成長していくのだ。

『わたしに会うまでの1600キロ』
監督／ジャン=マルク・ヴァレ　原作／シェリル・ストレイド
出演／リース・ウィザースプーン、ローラ・ダーン、トーマス・サドスキー、他
8月28日より全国公開
www.foxmovies-jp.com/1600kilo

From 太田・群馬県

映画『群青色の、とおり道』

佐々部 清監督

これまでとは違う回路から映画を作る

対話　山崎二郎

群馬県太田市の合併10周年記念として「映画を作りたい」という市長の呟きに、市出身の若き映画プロデューサー、橋本剛実が反応し、『陽はまた昇る』、『チルソクの夏』、『半落ち』(日本アカデミー賞最優秀作品賞受賞)、『四日間の奇蹟』、『カーテンコール』、『出口のない海』、『夕凪の街 桜の国』、『結婚しようよ』、『三本木農業高校、馬術部』、『日輪の遺産』、『ツレがうつになりまして。』、『六月燈の三姉妹』など数々の名作を送り出してきた佐々部 清を口説き、制作されたのが、『群青色の、とおり道』。が、さすが佐々部監督。いわゆる「観光映画」に終わっていないばかりか、観て、泣いてしまいました。ミュージシャンを目指し上京した桐山 漣演じる主人公・真山佳幸のもとに、勘当同然だった町工場を営む父親・年男（升 毅）から突然連絡が入り10年ぶりに故郷・太田へ帰郷する。そこで出会った現実とは？『六月燈の三姉妹』に続き、地方を舞台にした映画を撮らせたら比類ない演出を魅せる監督に話を訊きました。

この町の宝物になるような映画にしたいと思いましたから

山崎 まず今回の作品自体に大変感動いたしました。この手のご当地モノを少ない予算で作るとなると「観光映画」になりがちで、作品の質はどうしても二の次になってしまうこともよく見受けられるんですよね。でも、『群青色の、とおり道』は非常にクオリティの高い作品だと感じました。しかも9日間で撮った、と。奥様にも言えなかったとか（笑）。

佐々部 そうなんです。予算は1200万円で、撮影にかけた日数は9日間でした。同時期にダブってしまった仕事が大きい仕事だったので、言えなかった（笑）。

山崎 しかも今回、ご自分でプロデュースも兼ねていらっしゃいますよね。

佐々部 プロデュースを兼ねたのはこれを全国に展開していく時に、そっちの方が楽かなと思ったからなんです。僕は地方の劇場（コヤ）に割と知り合いが多いので、自分の名前があると何かと都合が良いかなと。あとはパンフレットをちゃんと作って売りたいと思ったんですね。前作のパンフの出来にあまり納得がいっていなくて、今回は自分で責任編集するからちゃんとヴォリュームあるものを作りたいって。漫画を入れて付録付きで。それだけのコンテンツで770円っていう値段は、相当お得感があると思いますね。

山崎 そこまで細かく練られて。

佐々部 はい。小さい作品だろうと大きい作品だろうと、作品は作品なので気持ちは一緒ですから。俳優にしてもスタッフにしても、低予算だからって手を抜いて来たりはしません。それだけ準備してくれたみんなに僕からできることがあるとすれば、それは1人でも多くの人に大きいスクリーンで観てもらうことだと思いまして。それでプロデューサーに名前を入れてくれと頼んだんです。

山崎 日記を拝見するとキャスティングも難航されたようでしたが。

佐々部 悲しいことですけど、今の業界を見ていると、例えば公開が大規模というだけで実力も名前もある役者さんが、「え、こんな役でも出ちゃうの？」っていうケースもあるんですよね。今回、規模は小さいけれど、でも、脚本や、僕が監督をやるということに賛同してくれる人達に、本当に丁寧にお声掛けしていこう、と。そこに同意してくれる人達が参加してくれればいいんじゃないかなと思ったんです。ただ、みんなが無名ってわけにいかないし、やるからには全国で公開できる映画にしたかったし、観光映画にするつもりもなかったです。人間ドラマであり、普遍的なテーマがある映画で、日本中どこで観てもらっても、ちゃんと共感してもらえるような作品にしようと最初から考えていました。

山崎 正直な話、そこまでの感覚や覚悟って、発注する側には最初なかったんじゃないでしょうか？

佐々部 だとは思います。最初に書かれていた契約書みたいなものには、公開日は地元の10周年記念イヴェントで、その一環として地元市民ホールで上映とありました。それを地元のシネコンで公開してちゃんと全国展開するというのは、こちらサイドで勝手に作っていった道筋です。宣伝費を集めるためにクラウド・ファンディングをやったり、地元の小さな企業まで1社ずつプロデューサー達が脚を棒にして歩いて、折衝を重ねて、もう1000万円ぐらい集めていったわけで。製作費は1200万円ですけど、宣伝広告費としてはおそらく700～800万円のお金が必要でしたから。

山崎 大きいお仕事を断って、小さな作品を全力で制作していったわけですね？

佐々部 はい。もう1つの作品は映画ではなくてテレビのスペシャル・ドラマでしたが。ただやっぱり、良い映画っていうのは残りますよね。僕はこの大田って町で、10年以上あの祭りのシーズンになる度に上映され続ける、この町の宝物になるような映画にしたいと思いましたから。僕自身はこの街とは関係がなかったんですが、この映画の脚本を書いた橋本剛実くんがこの町の出身なんですよ。僕が以前に撮った『チルソクの夏』を観て、あの映画のような作品を、自分の生まれ故郷であるこの太田市を舞台にして作りたいという想いでオファーをくれました。ちょっとおかしかったのが、先日、僕の生まれ故郷の下関で行われた『海峡映画祭』で、東京に先駆けて上映したんですね。そしたら、彼が舞台挨拶で泣き出しちゃって。地元の上映の時にはちゃんと挨拶できたのに(笑)。いろんな想いがあったんだと思います。結果的には、まったく群馬とは関係ない僕が全体を俯瞰で見られたから、バランスが良かったのかもしれませんね。

映画の出会いで、本当にいろんな人が仲間になれるんです

山崎 前号では沖縄の名護市の方々がお金を集めて東京以外の地方から発信する映画『がじまる食堂の恋』という作品を特集したんですが、その時も同じようなお話を監督の大谷健太郎さんがされていて。つまり、単純に映画を作って完成できて良かったねというだけじゃなく、そこから一歩も二歩も先まで持っていったところに監督の想いがあるわけで。そこのお話を伺いたかったんです。

佐々部 そうですね。僕は次の作品も地方が舞台なんです。今度は岡山の赤磐市というところで撮影して来年公開で、シリーズものです。先日から『種まく旅人 くにうみの郷』の公開が始まったんですが、これはそのシリーズの3作目なんですね。篠原哲雄さんが監督して栗山千明ちゃんと三浦貴大くんが主演。3年前には田中麗奈ちゃんで、大分の茶畑を舞台にした『種まく旅人〜みのりの茶〜』というシリーズの最初の作品を、塩屋俊監督で撮りました。今回は「くにうみの郷」というサブ・タイトルが付いているように、淡路島の農業と水産業の話なんですが、次回の3作目では、岡山の赤磐市で、やっぱり行政と民間で集めたお金を合わせて桃農家の話を撮ろうと。その中で家族や恋物語も出てくる。『六月燈の三姉妹』という作品も、鹿児島の行政と民間で協力してお金を集めて作った映画です。ただ、だからといって不自由はないんですよ。縛りというか。『種まく旅人』も農業と地方っていう枷はありますけど、それ以外は自由に脚本を作らせてもらえる。

山崎 逆に自由である、と?

佐々部 えぇ。メジャーのテレビ局や映画会社主導のものは、原作が山ほど売れていてより多くの人にすでに浸透しているものじゃないと作ろうとしないので。だったら、こうやって、これまでとは違う回路から映画を作って、もうちょっとオリジナリティがあるものを作りたいなと思っています。でも、おそらく経済的にちょっとずつ良くなっているんじゃないですかね。アベノミクスが多少は浸透していって、地方発信の広がりが今、結構ありますから。

山崎 そこら辺っていうのは他の人がなかなか真似できないところですね。どうしてもメジャー志向が強くなってしまうので。あと『群青色の、とおり道』のプロットも、監督自ら事前に準備されていたっていうのも驚きました。

佐々部 そうですね。橋本くんは初めてでしたし、彼の脚本家としてのキャリアはないわけですから。どうしようもないのが上がってきても困るから、一応僕なりのものも準備はしていました。ただ、彼の想いはあるので、まず脚本を作る前にどんなプロットでいきたいのかを書け、と。彼の想いで僕にオファーをしてきたので、その気持ち、つまり自分の生まれ故郷で映画を作りたいというのを最優先してあげたいじゃないですか?まぁ、第1作目なんてどんな脚本家にもキャリア

がないわけで。僕も『チルソクの夏』で脚本を書いた時に何もキャリアなんてなかったから。ただ彼も、ちゃんと半年間シナリオ・スクールに通ったと言うので、「じゃあ書いてみな」って。もし上手くいかない場合は次を用意しとかないと先に進めないので自分でも用意しておいたんです。そうやって、撮影もひっくるめてすべて準備が大事だっていう話は俳優達にもしていたんです。準備さえきちんとしてれば物事の進み方は加速するし、逆にできていないと何もかも停滞してしまう。そういうのは嫌ですからね。ましてや予算がこれしかないと予め決まっているのならば、とにかく先の準備をやっていかないと。

山崎 主演の桐山 漣さん、とても良かったですね。

佐々部 そうですね。僕は『仮面ライダーW』を観ていなかったので、全然彼のことを知りませんでした。6、7年前に彼が出ている小さな作品を観ていたはずなんですけど、それもほとんど記憶になくて。ただ、とにかく歌が歌えてギターが弾けなきゃ成立しないので、そういう条件で探していたところに彼を紹介してもらって。芝居は稽古するなりしていけばなんとかなるので、とりあえず歌とギターができていればもうそれで決めようと思っていたんです。で、芝居もやってみたら勘もいい、説明したことはちゃんと消化できる。彼が役者として成長するのと、佳幸が成長する過程が何となくシンクロするような感じで撮れたと思いました。

山崎 こうして地方で映画を撮る醍醐味とは？

佐々部 メジャーから配信する大きい映画も、こうやって地方からの小さい映画も、僕の中で大差はないんです。ただ、地域の人と一緒に作り上げていく楽しさっていうのはありますよね。今回で言えば、予算とスタッフが少ない分、地域の自治会や婦人会、市長とパイプのある青年会議所にも助けてもらったりして。地元で社長をやっている40代の彼らと最初に会って、酒を飲んで親しくなるところからのスタートでした。彼らと撮影しながら一緒に作るその過程自体が『ねぷたの祭り』のように楽しいわけですよ。9日間の『群青色の、とおり道』撮影のクライマックスとして『ねぷた祭り』があったというのは必然かなと思います。あと、僕の故郷でやった映画祭に目玉としてこの作品を持って行ったんですが、会長も副会長もみんな群馬から下関まで飛行機に乗って観に来ましたからね。嬉しいですよ。俳優達のトーク・ショーも観て、オールナイトで僕が朝まで生映画大会やるって言ったら、眠い目をこすりながらも参加してました(笑)。地方でやるとそういう映画業界だけじゃない繋がりができて、それが楽しいのかもしれないですね。映画がその町に残る間、ずっと友情が残っていくようで。よく僕は「一期一会」を「一期一映」と書くんですけど、映画の出会いで、本当にいろんな人が仲間になれるんです。何よりもその人達がちゃんと僕の次回作も応援してくれる。小さな草の根みたいなことですけど、そうやってできるネットワークが大切なんです。点が繋がっていって、最後にはそれがちゃんとした面になればいいなと思っています。

©「群青色の、とおり道」製作委員会、太田市

『群青色の、とおり道』

監督／佐々部 清　出演／桐山 漣、升 毅、杉野希妃、安田聖愛、伊嵜充則、井上 順、宮崎美子、他

〈ユーロスペース〉他、全国公開中

gunjyoiro.jp

THINKING GLOBAL, ACTING LOCAL

From 沖縄・久米島

沖縄リゾート・ファスティング
“移動、そして何もしない旅！食べない旅！”

食べない沖縄、というものをご存知だろうか。
日本ではじめてのリゾート・ファスティングが沖縄にある。
人々をリラックスさせる沖縄だからできる、
美と健康のひとときだ。

※エステは別料金となります。

ファスティングは、数日間食物摂取を制限することで、身体本来の力を取り戻すことができると言われる、話題の健康法。セレブやスポーツ選手など、美と健康に意識が高い人たちから注目を集めている。

例えば、断食道場のような我慢をさせるファスティングでなく、リラックスとリフレッシュに満ちたファスティングを目指したら、沖縄は絶好のロケーション。

洗練された暮らしを謳歌する上で、知らず知らずのうちに酷使してしまっている心と身体をリセットし、自分自身に向き合う時間をゆっくりと過ごせる。ワンクラス上のプログラムが沖縄リゾート・ファスティングだ。

沖縄リゾート・ファスティング期間中は、水とファスティング・ドリンクだけで過ごすけれども、必要最低限のカロリーやミネラル・ビタミンは補給。無理なく安全にファスティングをおこなうために、厳選された質の高い酵素ドリンクを用意している。このリゾート・ファスティングを成功させるためになくてはならないパートナーのひとつ。

「興味がある！」という人に、『ココロ・カラの休日5日間』という、とっておきのツアーがあるのでご紹介したい。ゆったり出発のフライトで沖縄に着いたら、リゾート・ファスティングのスタート。エステ・サロン『VIVACE』でオリエンテーションを受けたら、ホテル〈ロワジールスパタワー那覇〉か〈オキナワマリオットリゾート＆スパ〉へ。準備食を食べてから、いよいよファスティング開始。3日間のファスティング期間中は、絶景を眺めながら過ごすもよし、ホテル内のスパやフィットネスなども自由に参加できる。5日目の回復食で胃腸をゆっくりとならして、5日間のファスティングは終了！　沖縄で心身ともにリフレッシュしよう。

『ココロ・カラの休日5日間』
問い合わせ：〈沖縄ツーリスト〉　tel.03-5408-5201
www.ranrantour.jp/tokyo/contents/fasting.html

久米島《kumejima》10のスゴいこと

那覇からも気軽に行ける沖縄の離島・久米島。
絶景ビーチに島エステ、久米島ならではの食と、実はイロイロとスゴいその魅力をご紹介！

1

「これホントに日本？」な絶景ビーチ

青い海に白い砂浜だけがぽっかり浮かぶ「ハテの浜」。降り立つと、自分を取り囲むのは海と空と島だけという、まるで天国のような光景。ビーチは他にも“日本の渚百選”に選ばれマリン・アクティビティーに最適な「イーフビーチ」や「アーラ浜」、「シンリ浜」もある。

2

守り継がれてきた「聖地」

はるか昔から、沖縄では大自然が作り出した壮大な造形に祈りを捧げる自然崇拝が根付いており、今でも多くの人が心を整えるために訪れる。ミーフガーは「女性が拝むと子宝に恵まれる」と伝えられる神秘的な場所。また、近くの砂場には「星の形をした砂がたくさんある」と、地元の女性に密かに人気。

3

極楽スパに島エステ。実はビューティー・アイランド

久米島は、自然の中でメンテナンスができるビューティー・アイランド。青空や星空の下で受けるエステ、水に浮かびながらのリラクゼーションなど、バリエーション豊かなサロンが勢揃い。島全体にパワーがあふれる久米島は、極上のヒーリングを提供してくれる。

4

城跡は大迫力のパノラマ・ビュー！

琉球王国時代、大陸と王国の交易ルートの要所として栄えた久米島。島内には10ヵ所余りの城があったといわれ、現在も残っている主な城跡は4つ。中でも、山の上にある宇江城城跡からの眺めは、素晴らしい！のひとこと。360°島全体を見渡せ、さらに島を取り囲む海まで見える絶景。昔の王様は、海を渡ってくる客人をここから眺めていたのだろう。

協力：沖縄県、沖縄観光コンベンションビューロー

●久米島へのアクセス
那覇～久米島へは飛行機と船の2つの行き方があります。飛行機の所要時間はたったの30分で、1日6往復もあるのでとっても便利。船の所要時間は最短2時間50分で往復6,450円とリーズナブル。
問い合わせ：一般社団法人　久米島町観光協会
tel.098-896-7010
www.town.kumejima.okinawa.jp/sightsee/kumejima

5

日本一を誇る車エビに驚嘆

久米島が生産量日本一を誇る食べ物が車エビで、高級食材が島内ではかなりリーズナブルにいただける。地元の飲食店やホテルでは、刺身や塩焼きなどのスタンダード・メニューはもちろん、『車エビドッグ』など変わり種のメニューも楽しい。

6

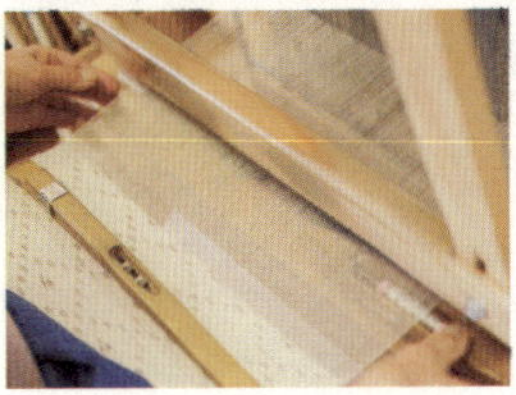

奇跡の贈り物『久米島紬（つむぎ）』

「久米島紬（つむぎ）」は約500年もの歴史をもつ国の重要無形文化財。日本でも有数の織り物として知られている。なにがすごいのかというと、ひとつの布を織るのにかける手間の掛け方。気の遠くなるような工程を、ひとりの織り子さんが手作業でおこなっている。

7

「幻の酒」と呼ばれる泡盛

久米島は良質な水が沸き出すことでも有名で、島を歩いていると水が湧き出ているところがいくつもある。お酒づくりも盛んで、島には2つの泡盛醸造所があり、全国的にも有名な久米島の『久米仙』に加えて、小規模経営にこだわった米島酒造。米島酒造の泡盛は生産量の7割が久米島で消費され、島外からは「幻の泡盛」とも言われていて、お土産にぴったり。

8

贅沢！シェフを率いて食材ハンティング

自分でセリ落とした魚を、シェフに頼んで料理してもらうなんて贅沢が、久米島では可能。事前予約をしていれば、魚のセリ市にホテルのシェフと一緒に参加ができ、ホテルからの送迎、買い付けた食材を使って特別ディナーまで作ってもらえます。

9

久米島だけにいるホタルや動物との触れ合い

久米島にしか生息していないホタルがいるのを知っていますか？　県の天然記念物に指定されていて、その名も「クメジマボタル」。他のホタルに比べ、大きくて光が強いのが特徴で、シンクロして光る様子は本当にロマンチック。見頃は4月中旬からGWにかけて。

10

伝統の行事がスゴイ！

久米島のお祭りや行事は、ほとんどが観光用に作られた派手なものではなく、地元に住む人々が古くから伝わる大切な習慣として執り行うもの。なかでも沖縄角力（おきなわずもう）は全島大会が年に5回開催され、沖縄県内でも横綱クラスの選手を多数輩出している。スピードとキレがあり、繰り出される独特の技が見所。

PHOTOGRAPHS

SOUTH FRANCE

2015

MASATOSHI NAGASE

永瀬 正敏

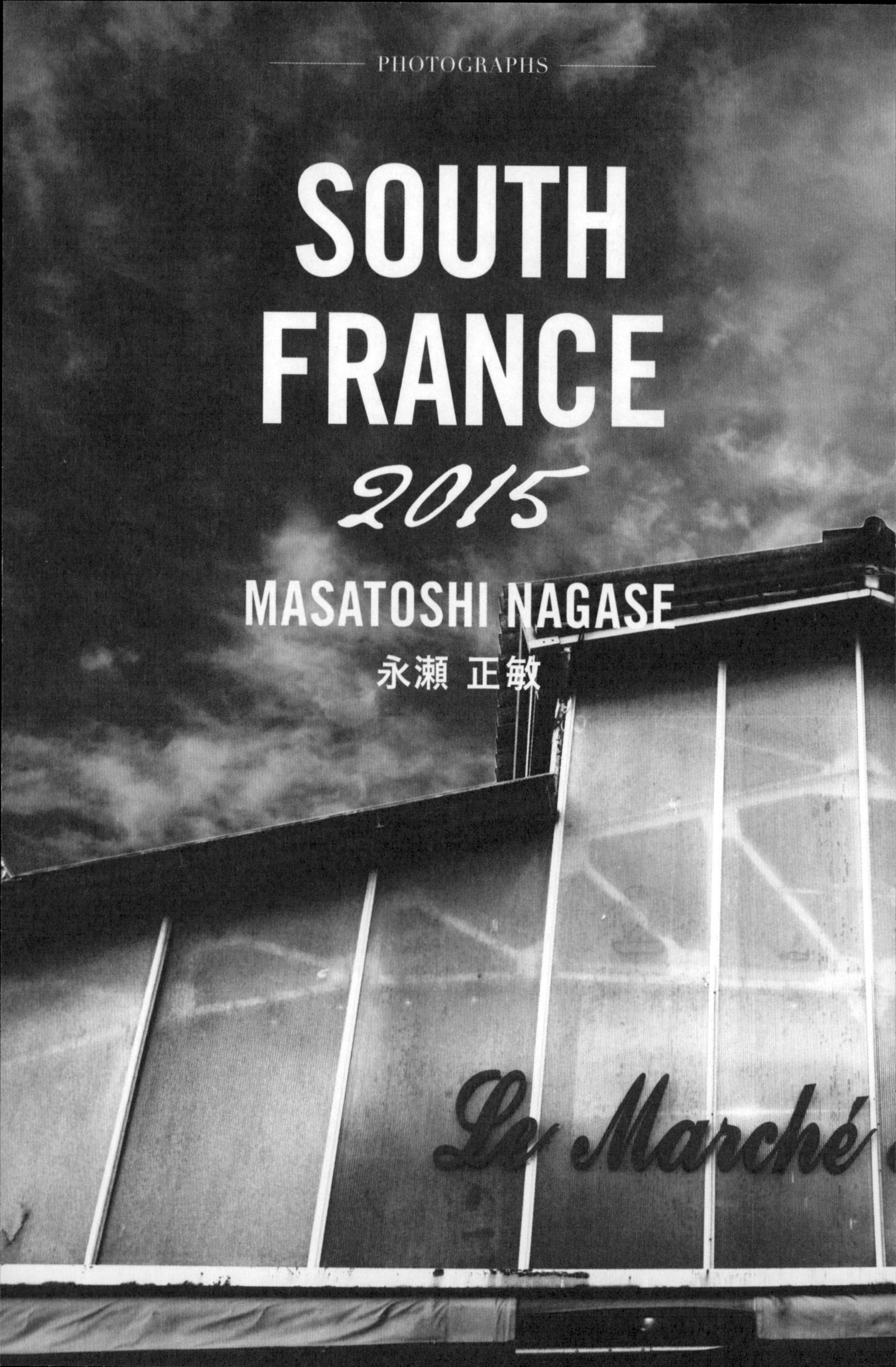

永瀬正敏 / ながせまさとし

66年宮崎県生まれ。83年、相米慎二監督の『ションベン・ライダー』で主役デビュー。その後89年ジム・ジャームッシュ監督『MISTERY TRAIN』で国際的な評価を得る。最新出演作は、『あん』、来年公開予定作に『十字架』、『64-ロクヨン-』、『いきもののきろく』などがある。写真家としても活動、最新写真集は『Memories of M ～ Mの記憶～ 』。写真展『Mind' s Mirror』が台湾の４都市で開催、現在台中にて開催中。

[facebook] www.facebook.com/masatoshi.earl.nagase

LOCATIONS
CONGRES VACANCES
Tél

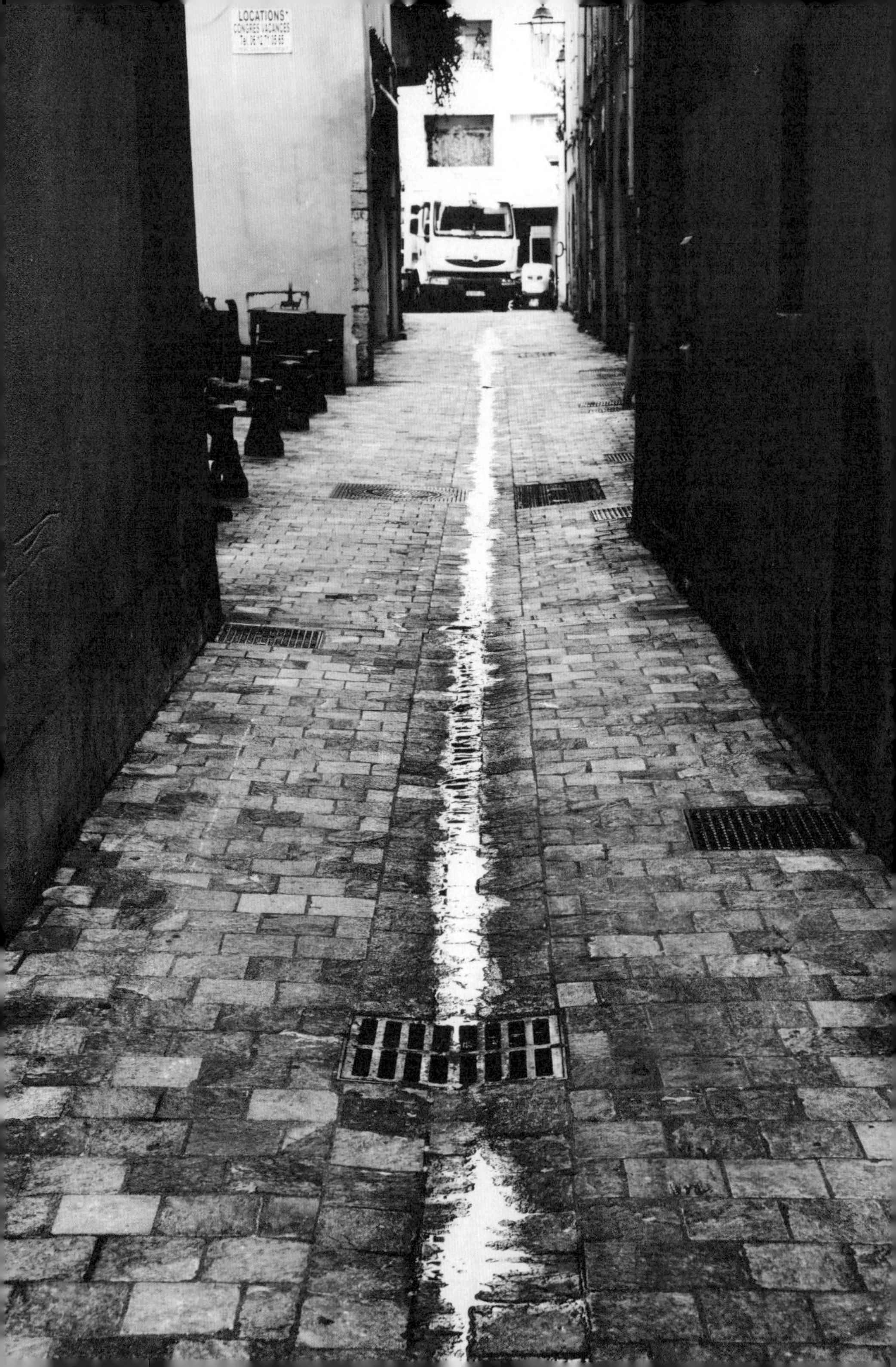

LA SOCCA
RUE
RIGUE
COIFFEUR

PETIT FORE
Location de

藤井美菜

藤井美菜 / ふじいみな

06年『シムソンズ』(佐藤祐市監督) で映画デビュー。その後、ドラマ『ブラッディ・マンディ』シリーズ〈TBS〉、映画『女子ーズ』(福田雄一監督)など、映画、ドラマ、CMを中心に活躍。12年から韓国でも活動を開始。13年、『富川国際ファンタスティック映画祭』広報大使、連続ドラマ出演など活動の幅を広げ、国際的にも高い人気を博している。第1話ヒロインを務めた、〈BSスカパー！〉連続ドラマ『PANIC IN(パニックイン)』DVD-BOXが8月19日発売予定。

[web] www.humanite.co.jp

a Fujii

1

1 / 春のソウルを訪れると、毎年気になることがあります。ビルの狭間や道路など、街の至る所に何やら白いものがチラチラ舞っているのです。春の陽射しを受けてキラキラと美しくもあったのですが、「一体これはなんなんだろう！」、そう思って韓国の方に訊いてみると、なんとタンポポの綿毛なのだそうです。街の真ん中をこんなに飛んでいるなんて。韓国はタンポポが多いんですね。4月の雪のようで、とてもロマンチックな風景でした。

My mo

2

2 / 昨年の冬、韓国映画『猟奇的な2番目の彼女』(仮) の撮影のために何度か釜山に行きました。スケジュールに追われて観光ができなかったのは残念でしたが、海が近いからか、気持ちがどこか開放的になっているように感じました。印象的だったのは、とある焼肉屋さん。撮影でお店に入ろうとしたところ、入口のガラスにこんなことが書かれていました。「恋人が変わっても、知らないふり、してさしあげます」。地元の人も安心して通えそうなお店ですね(笑)。ちなみにお肉も私の韓国、焼肉屋さんベスト3に入るくらい、美味しくてしびれました。

in' diary

3

3 / みなさんは、世界中を旅している黄色い子アヒル、ラバーダックについてご存知ですか？　見上げるほどの大きな黄色いアヒルを河川や海などに浮かべるというパブリック・アート・プロジェクトで、07年に製作されてから世界各国で展示されているそうです。昨年末ちょうど私が韓国にいる時にソウルにやって来て大きな話題になっていたので、見に行って来ました。みんな思い思いに写真を撮ったり、アヒルを眺めながらのんびり話したり。この先もずっとそれぞれの記憶に残る思い出を演出してくれる、素敵なプロジェクトだなぁと思いました。

安藤美冬 Mifuyu ando

1

2

1 /【15 March, Melbourne】美味しいコーヒーを求めて、シンガポール在住の友達を誘ってオーストラリアに初上陸。実はMelbourneはコーヒー&カフェの聖地として知られ、世界中から「バリスタ留学」を受け入れている場所なんです。運良くF1開幕戦も見られて、大満喫！

2 /【6 April, Cebu】最近話題の「フィリピン英語留学」を年末年始に経験し、すっかりセブ島の虜に！　運良く英語留学本を出版できることになり、セブ中のスパやカフェ、観光地を日夜取材。写真は、フィリピンの英雄の名がついた魚、ラプラプです。

3 /【1 May, Tokyo】組織に所属しないフリーランサーとして国内外を飛び回る私にとって、健康管理はマスト！　加圧トレーニング、毎日2ℓの水を飲むのに加えて、毎月の「ジュースクレ

3

4

5

ンズ」(断食)で心身をピュアに保っています。写真は、〈THREE〉のクレンズ・キット(3日分)。
4 / 【3 May, Sedona】ネイティヴ・インディアンの 聖地であり、世界屈指のパワー・スポットであるセドナ。GWの予定がキャンセルになり、急遽、航空券をゲット(〈デルタ航空〉で往復82,000円!)。「人生が変わる場所」と称されるだけあって、大地のエネルギー渦巻くボルテックスでの瞑想は、とてもパワフルでした。
5 / 【12 May, Tokyo】レギュラー出演中の『焼肉女子5会&MORE』〈BS-TBS〉(毎月最終日曜放送)。今日は恵比寿で初回の収録がありました。映画コメンテーター Lilicoさんはさすがのトーク力!最近はフェミニンなファッションに目覚めています(笑)。

安藤美冬/あんどうみふゆ

フリーランサー、コラムニスト。80年生まれ、東京育ち。〈慶應義塾大学〉卒業後、〈集英社〉を経て現職。ソーシャル・メディアでの発信を駆使し、肩書きや専門領域に囚われずに多種多様な仕事を手がけるノマド・ワーク&ライフスタイル実践者。商品企画、大学講師、広告やイヴェント出演のほか、『オズトリップ』、『DRESS』などで連載中。著書に『冒険に出よう』〈ディスカヴァー・トゥエンティワン〉、『女子が旅に出る理由』〈いろは出版〉など。

[web] andomifuyu.com

[blog] blog.andomifuyu.com

[facebook] www.facebook.com/andomifuyu

[Instagram]instagram.com/andomifuyu

[twitter]twitter.com/andomifuyu

6

7

6 / 【20 May, Tokyo】3年に一度新潟で開かれる、里山×現代アートの祭典『大地の芸術祭 越後妻有アートトリエンナーレ』(会期は7月26日〜9月13日)。〈オイシックス〉高島宏平社長や為末 大さんらと、オフィシャル・サポーターとして広報活動中。総合ディレクター北川フラムさんを囲んでトーク・ショーを開催、大盛況でした!

7 / 【31 May, Cebu】〈東洋経済新報社〉より発売予定の『セブ島英語留学ガイド(仮)』取材のため、3回目の来セブ。英語学校訪問と授業の合間を縫って、カオハガン島へやってきました。実はこの島、日本人がオーナーなんです! シュノーケル後、海を眺めながらカフェでまったり。

8 / 【11 June, Cebu】1日8時間の英語授業&取材の日々がたたって、遂にダウン……。英語学校『QQ ENGLISH』のスタッフnamiちゃんに「ポカ

8

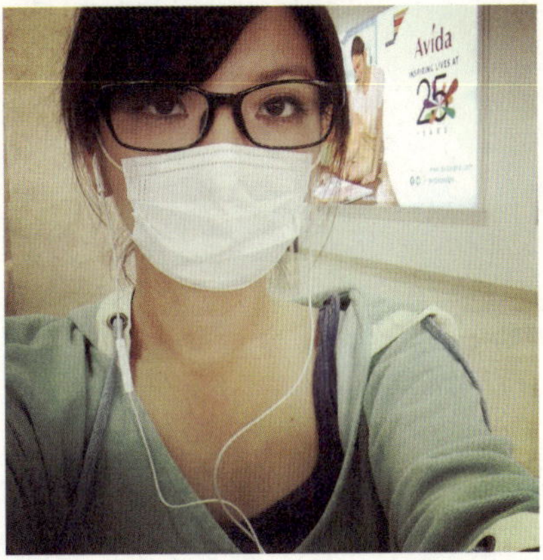

9

10

リスエット」とバナナ、お水を用意してもらって、なんとか熱は下がりました。仕事に支障をきたしてしまい、セブの空港にて猛反省です。

9 /【13 June, Tokyo】出張&旅のお供は、〈RIMOWA〉「Salsa air」。機内持ち込み可能な34Lで、重さは1.9Kg！　小指で持ち上げられるほどの軽さです。荷物が少ない私は、これで2週間OK。今年は1ヶ月間、地球一周の船旅『ピースボート』で船上の仕事があるため、大きいサイズの購入を検討中。

10 /【17 June, Bangkok】旅行代理店〈PINK〉さんとのコラボ企画が実現し、バンコク経由で幸せの国ブータンへ！　政府高官との面談や農家ホーム・ステイ、標高3000メートルの断崖絶壁にある、タクツァン僧院訪問などを予定。Movilistな私の日々は、まだまだ続いていきます。

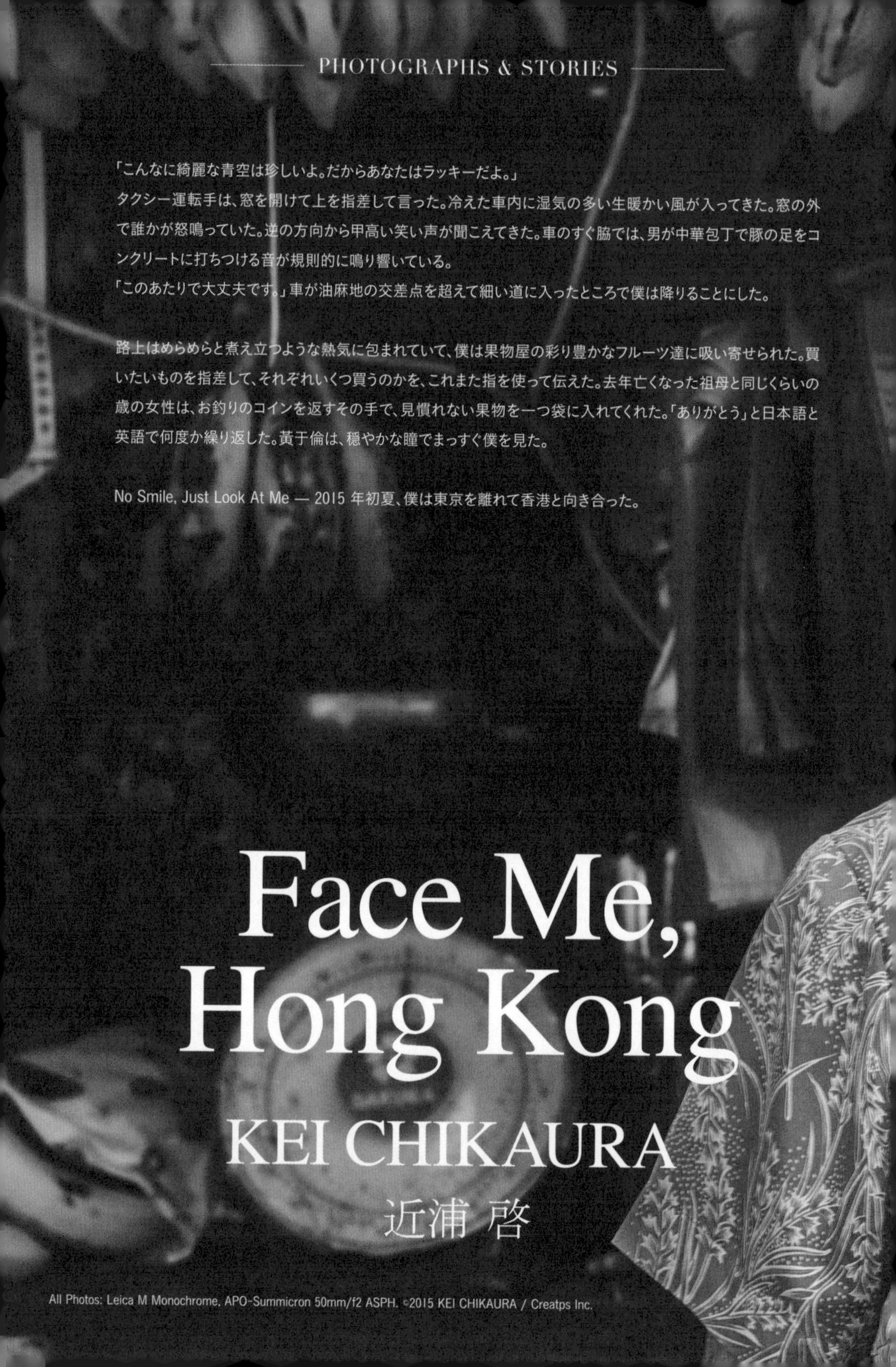

「こんなに綺麗な青空は珍しいよ。だからあなたはラッキーだよ。」
タクシー運転手は、窓を開けて上を指差して言った。冷えた車内に湿気の多い生暖かい風が入ってきた。窓の外で誰かが怒鳴っていた。逆の方向から甲高い笑い声が聞こえてきた。車のすぐ脇では、男が中華包丁で豚の足をコンクリートに打ちつける音が規則的に鳴り響いている。
「このあたりで大丈夫です。」車が油麻地の交差点を超えて細い道に入ったところで僕は降りることにした。

路上はめらめらと煮え立つような熱気に包まれていて、僕は果物屋の彩り豊かなフルーツ達に吸い寄せられた。買いたいものを指差して、それぞれいくつ買うのかを、これまた指を使って伝えた。去年亡くなった祖母と同じくらいの歳の女性は、お釣りのコインを返すその手で、見慣れない果物を一つ袋に入れてくれた。「ありがとう」と日本語と英語で何度か繰り返した。黃于倫は、穏やかな瞳でまっすぐ僕を見た。

No Smile, Just Look At Me — 2015 年初夏、僕は東京を離れて香港と向き合った。

Face Me, Hong Kong

KEI CHIKAURA
近浦 啓

All Photos: Leica M Monochrome, APO-Summicron 50mm/f2 ASPH.

夜總會
Kama Ktv
98
228
九龍旺角砵蘭街109號-113號偉華商業大厦2字樓
電話：2782 5778
新國際 夜總會
電梯按
富城
夜總會
RICH CITY NIGHT CLUB
茶舞$78
晚舞$328
電話: 27825778
富城夜總會

陳翔銘
（チェン・シャンミン）

華やかなネイザンロードから何ブロックか西に歩いて、僕は何度かシャッターを切って街並みを撮ってみた。小さな液晶画面で見返すと、どれもオリジナリティのかけらもない凡庸な写真ばかりで、その場で一つずつ削除した。
通りは広さの割には人々の往来が激しく、そこに面していくつかの小さなお店が軒を連ねていた。
角のお店の男は、行き交う人々に目もくれず、過給器か何かを修理し続けていた。「カメラの修理はやってないよ。」陳翔銘は、追い払うように香港なまりの英語でそう言った。修理ではなくて写真を撮らせてほしいということを伝えると、陳翔銘は「作業していたほうがいいかい？」と訊いてくれた。
「手を止めてこちらを向いてほしい。」僕がそう言うと、鋭い視線をこちらに向けた。その視線を見ながら一度だけシャッターを切った。
「本当にありがとう。」僕は握手をしようと手を出した。
「手が汚れてしまうから。」陳翔銘は、油で真っ黒になっている手を僕に見せてさっと後ろに引いた。僕が何度か首を振って手をまた差し出すと、少しだけ笑顔を浮かべてその手を強く握った。

すっかり黒くなった右手の平を彼に向けて、僕はもう一度お礼を言ってまた歩き始めた。

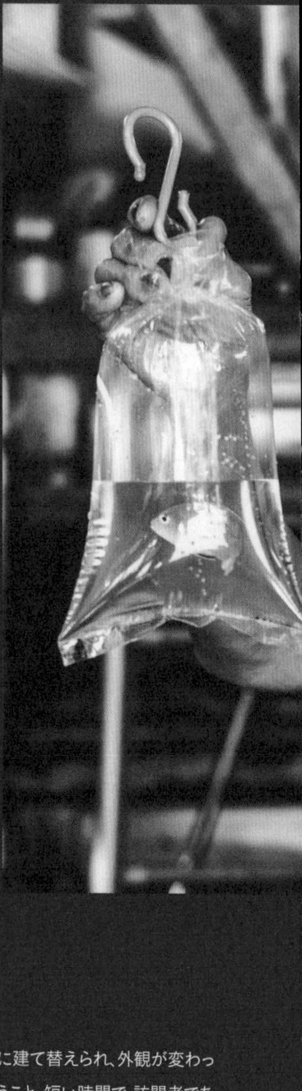

呉家慧
（ウー・カーウェイ）

香港島に渡って、トラムで何駅か東へ向かった。ホープウェル・センターの〈スターバックス〉で買った冷たいコーヒーを飲みながら、クイーンズ・ロードをまた東へ歩いた。湾仔の街並みは、伝統的な香港と新しいホンコンが絶妙なバランスで配合されていた。
東京から来たことを伝えると、呉家慧は照れ笑いを浮かべながら「コンニチワ」と一言発してくれた。日本のアニメが好きで日本語を少し覚えたこと、20年代に建てられたブルー・ハウスと呼ばれている建物がすぐ近くにあること、もう少し歩くとグリーン・ハウスという同じくらいに古い建物があってそれが2年前に建て替えられ、外観が変わって残念に思っているということ。短い時間で、訪問者である僕にたくさんのことを教えてくれた。「ついこの前も台湾から来た女の子二人とたまたま会って、この近辺を案内したのよ。」

僕が感謝の気持ちを伝えようとした時、「ハロー・キティ」のケースで包まれた「iPhone」が鳴った。「母からの電話だわ」と言って、呉家慧はそれを耳にあてた。あたりはそろそろ夕方の終わりを迎える頃だった。

黄鎮懿
（ファン・ヂェンイー）

ゴールド・フィッシュ・マーケットには、色とりどりの金魚が詰められたビニール袋が所狭しと釣られていた。ピンと張り詰めた袋の中の金魚は、まるで魚眼レンズで覗くように大きく膨らんで見えた。樽の中から一匹ずつビニール袋に詰めながら、黄鎮懿は甲高く早口に話し始めた。「もう40年になるさ。」
軒先には、ひっきりなしに金魚を買い求める人々が顔を出す。その度に僕らの会話を中断して、黄鎮懿は手際良くお金を受け取り金魚を渡し、また袋詰めの作業に戻って会話を再開した。
「今じゃもう二階まで金魚の水槽でいっぱいだよ。このあたりでうちが一番繁盛してる。」頷く僕に黄鎮懿は一言付け加えた。「この店は俺の店じゃない。妻のものなんだ。彼女がいなけりゃこの店はとっくにここにはないさ。」
無数の金魚に囲まれながら、僕は何枚か写真を撮った。その度に黄鎮懿は、作業中のビニール袋の金魚を高く掲げてレンズに向けた。
「素敵なお店だね。」僕が帰り際に言うと、「そうなんだ、妻の店だから。」黄鎮懿はもう一度そう言った。

馬恩
(マー・エン)

プリンス・エドワード・ロードから1ブロック北上すると、通りには花屋が連なっていた。視界に入ってくる多くの向日葵は、これ以上ないくらいに彩度が高い黄色の花びらをつけていた。サンバイザーをつけた年輩の女性たちが、行き交う人々を店の中に呼び寄せている。すぐ脇でトラックに荷を積み上げていた数人の男たちが、一列になってどこかに戻っていく。その列の最後尾で、馬恩はタバコを片手にふかしながら、もう一方の手で器用に台車を転がしていた。

「どこを向いてたらいい?」馬恩はカメラから目と体を逸らして言った。

「まっすぐここを。」僕はカメラの上から手を被せてレンズを指差した。逆光の影の中に、タトゥがじわっと浮かび上がった。淀みのない瞳は、僕が何度かシャッターを切っている間、瞬き一つしなかった。背後から怒鳴り声が聞こえてきた。親方のような男性がこちらを向いて二度同じ言葉をこちらに投げた。馬恩は顔色を変えずに何か返事をして、「もう大丈夫かい?」と僕に訊いた。

「ありがとう。仕事中にごめん。」

「問題ないよ。これから休憩だから。」

僕は再びお礼を伝えて、向こうの列に合流する馬恩の後ろ姿を見送った。

空は青く、雲は白く、花々はそれぞれの色を強く身につけていた。タクシー運転手の言葉がすっと頭をよぎった。

近浦 啓 / ちかうらけい

映像ディレクター。06年 メディア・プロダクション〈Creatps(クレイテプス)〉を設立。12年映像ディレクターとしての活動を開始。佐野元春、井上陽水、矢沢永吉などの日本音楽シーンのレジェンド・ミュージシャンのライヴ・ドキュメンタリー映像作品を手がける。初監督短編映画『Empty House(主演・藤 達也)』は、フランス(第66回『カンヌ国際映画祭』短編映画コーナー)を始め、台湾、ロシア、アメリカ、イギリス、プエルトリコなど、世界各国13の映画祭で招待上映。

[web] www.creatps.co.jp

「両手が自由であること」を心情するぼくにとって、手の自由が奪われるバッグ類は一切使わない。

ミニマリストで移動生活者のぼくの“Movilist Style”には最小から最大まで4バージョンある。

最小限スタイルは、ポケットに「iPhone」だけという手ぶら。次に「iPad」がぴったり入る超軽量サコッシュ。3段階目に来るのが、「MacBook」が入るこの〈アウトドア・リサーチ〉の「ドライピーク・バガー」(写真1)だ。完全防水なのに重さわずか255g。上質なカラーリング・センスも最高だ。このデイ・バッグを日常から出張まで活用。先日の、4日間のハワイ弾丸出張もこれ1つで問題なし。

そして、1週間までのロング・トレイル登山での我が相棒でもある、米国のガレージ・ブランド〈Zpacks〉の名品「アークブラスト」(写真2)。容量は50リットルもあるのに、重量400gと驚異的に軽く、同機能のバックパックとしては世界最軽量。汗をかきづらい背面メッシュ構造、多数の収納ポケット付きと機能面ではパーフェクト。引き裂き強度が金属並みという、ホワイトの最新素材キューベン・ファイバーが大胆に使われ、その先鋭的なデザインと構造美はもはや感動的とも言える。ぼくは、これ1つで10日間以上の海外出張までこなしてしまう。

機内に持ち込めるギリギリのサイズなので、到着地の空港で預け荷物を待つ必要もなく、文字通りタッチ&ゴーの移動が可能となる。宝石以上とも言える旅先での時間を節約できることが何よりも素晴らしい。

常に片手が支配され、時に両手までふさがってしまうトランクは〝不自由の象徴〟だ。何か特別なものを運ばないといけない場合を除き、基本的にトランクは使わない。

常に両手の自由を確保することで、財布やパスポート、「iPhone」を出すといった、移動中に発生する煩雑な作業が面倒でなくなると、行動力は増し、疲労感は激減する。結果、旅はより自由で楽しくなり、集中力とクリエイティヴィティの向上につながるのだ。

四角大輔 DAISUKE YOSUMI

四角大輔 / よすみだいすけ

オルタナティヴな生き方を求め、ニュージーランドの湖で水と食料を自給する森の生活者。湖畔と東京を往来し、独自のクリエイティヴ&オーガニック論を発信。アウトドア、NPO、アンバサダー、IT等の分野でも活動。『ソトコト』、『PEAKS』、『フィールドライフ』等で連載。〈上智大学〉非常勤講師を務め、多数の大学で講義をおこなう。オンライン・サロン「Life is Art」主宰。著書に『自由であり続けるために20代で捨てるべき50のこと』〈サンクチュアリ出版〉他。レコード会社勤務のプロデューサー時代に7度のミリオン・ヒットを記録。

[web] 4dsk.co

[twitter] twitter.com/4dsk

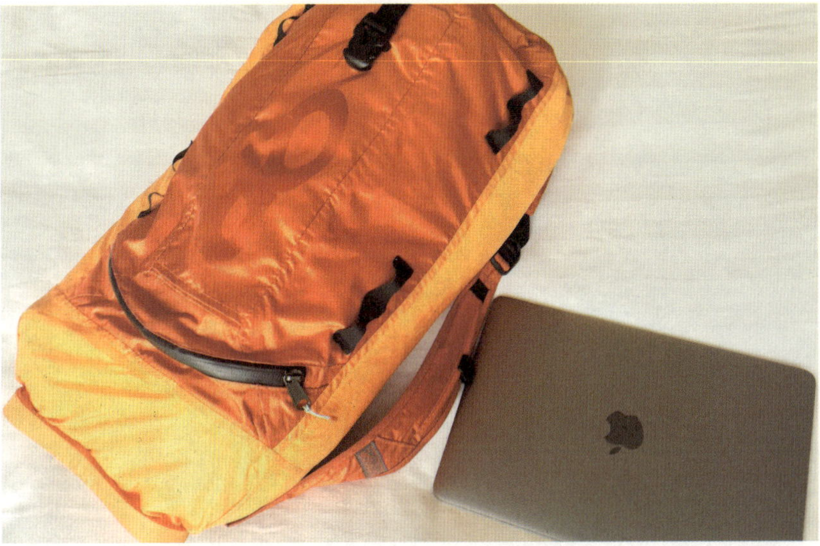

1

1 / もっとも活躍するのがこれ。
ライフスタイルの自由化には完全防水機能は必須だ

2

2 / 長期の海外旅行と大自然へのアドベンチャーでの相棒、
超軽量バックパックとぼく

Yoko Kawaguchi 川口葉子

1

2

3

1 / 徳島のカフェ〈14g〉で夜に開かれる柴田元幸×トウヤマタケオの朗読会を2か月前から予約していたのに、それがもう翌日に迫っていると気がつくまで、乗りものやホテルの手配を忘れていたなんて！　冷や汗をかきながらこのピンチを乗り越え、なんとか徳島入り。午後の〈14g〉でおいしいコーヒーとパンに出会い、ようやくひと心地がついた。

2 / その夜の〈14g〉。魔法にかけられた時間。柴田元幸さんが翻訳した数々の短篇の中で、個人的に最も好きなスチュアート・ダイベックの『ファーウェル』。その美しい文章を柴田さんがトウヤマさんのピアノにのせて朗読しはじめたときの、心の震えを忘れない。目には見えないカフェの天使たちも、〈14g〉につめかけていたと思う。

3 / せっかく四国まで来たのだから、と高知へ足をのばしてみる。高速バスで2時間半の快適な移動。イヤホンから聴こえるマーヴィン・ゲイと、窓の外を流れ去っていく青と緑の風景をミックスしながら。

川口葉子 / かわぐちようこ
喫茶時間を愛するライター。東京在住。著書に『京都・大阪・神戸の喫茶店 珈琲三都物語』〈実業之日本社〉他多数。個人Webサイト「東京カフェマニア」。今回の四国旅行で訪れたカフェや喫茶店は、秋に発売する新刊書籍でご紹介します。
[web] homepage3.nifty.com/cafemania
[blog] cafe-mania.cocolog-nifty.com/blog
[twitter] twitter.com/tokyo_cafemania

4

5

6

4 / 高知駅前で小さなレンタカーを借りて、「カツオ1号」と命名。今日1日、よろしくね。初めて旅先でレンタカーを借りた時に「ノドグロ1号」と名づけて以来、いつも魚の名前をつける。カツオ1号は見事にカツオのタタキ色。

5 / 「フリー・ハグ」のボードを掲げた女性に遭遇して、ハグする。聞けば、彼女は愛媛在住のデザイナー・青のりさんで、四国と人をつなげる「四国活動」の一環として「フリー・ハグ」をしているのだという。高知の人々はラテン系でノリがいいらしく、もう30人ほどハグしたとか。一番ユニークだった人は？　「ウクレレ弾きのおじさん！」

6 / 高知名物、300年以上の歴史があるという日曜市に、ヤマモモの実が並んでいた。売り子のおばさんが「今朝、山で摘んできたばっかりだからね。ヤマモモが採れるのは2週間くらいしかないの」と言って味見させてくれた。品種改良を重ねたフルーツの凝縮された甘さとは対極にある、野生のおっとりした甘酸っぱさ。

江口研一

最近の移動はもっぱら人と出逢うため。
ハワイのオアフ島もワイキキを離れると
豊かな自然と文化に包まれる。

1

2

3

4

5

1&2 / まずはNa Mea Kuponoのタロ芋の農場へ。カロと呼ばれるタロは300種以上。ハワイの土着文化として定着したポイという食べ物に欠かせないタロ芋がスティーブとクイーポの手で作られている。この日は更生プログラムの少年たちを受け入れ、一緒に混じって汗を流して一緒に清水のプールに浸かれば、彼らも徐々に心を開いていくのが分かる。3&4 / それから埋橋家が移住して始めた養蜂所〈MANOA HONEY〉(manoahoney.com)で養蜂の手伝い。風力タービンがそびえ立つ、原種の森へ調査に入ったり、シュタイナー系の農園でアクアポニックスを視察したりと充実の時間を過ごす。5&6 / そして先月も縁のあった香川では小豆島の室井さんのニホンミツバチの採蜜を見せてもらい、自分で栽培した野菜を出すカフェ〈HOMEMAKERS〉(homemakers.jp)の三村家へ。棚田のある風景が心地いい。7 / 友達になった豊島の食堂〈101号室〉(shokudou101.jugem.jp)では一緒に食事を作って食べる。庭もゆったり眺められるけど、長屋さんのごはんには本当に癒される。そして友人の結婚パーティーのため直島へ行き、8 / 〈BOOK MARUTE〉というブック・ストア&ギャラリーを営む小笠原さんの案内で高松を満喫した後、宿泊のできる民家も見せてもらう。次はここで食事会を開こうと思う。9 / 図録の翻訳で関わった丸亀の〈猪熊玄一郎美術館〉のマルティーノ・ガンパーの展覧会(www.mimoca.org)オープニングで特製の生姜のトマト・ジンジャー・パスタをごちそうになり、とても充実の移動となった。

6

7

8

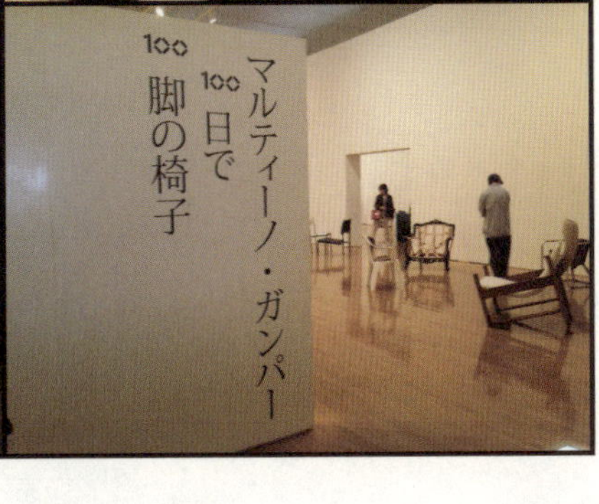

9

KENICHI EGUCHI

江口研一 / えぐちけんいち
ライター、編集、翻訳家。映画評論から書評、アート、音楽などの文筆業の他、書籍、字幕等の翻訳。food + thingsとしてケータリングもおこなう。映画サイト『OUTSIDE IN TOKYO』共同主宰。雑誌『POPEYE』で「How to be a man」を翻訳連載中。
[web] kenichieguchi.com　www.outsideintokyo.jp

東京から沖縄本島に移住して一年が経った。この一年で必要性に迫られて車の免許を取り、中古の軽自動車を手に入れたら、行動の幅が格段に広がった。

沖縄本島は南北に長く、住んでいる那覇市内から北部のヤンバルまで行くのはちょっとした旅だ。それでも、自分の車を運転してあちらこちらに行けるようになると、その土地への親しみ方が変わってくる。旅行で沖縄に来ていた時は、「沖縄の特別さ」ばかりを探していた。琉球の歴史や文化が息づく場所に訪れ、沖縄民謡のメロディに心惹かれ、珍しい食材に驚き、沖縄料理にはまり、南国の青い海に潜り色とりどりの魚を見て感動する。旅に来れば来るほど、沖縄は特別だと思うようになり、その特別さをもっと味わいたい、もっと知りたいと、また沖縄を訪れる、というような感じだった。

しかし、ここに住まいを持ち、日々の暮らしをしてみると、沖縄料理ばかりを食べるわけもなく、スーパーや市場に買い物に行っては、和食もつくるし、洋食もつくる。沖縄民謡も聴くが、ロックやポップスやジャズも聴く。北から南まで車で移動するのも、見たことのない沖縄に出会うためではなく、そこに友達がいるから、という理由になる。必然的に家におじゃますることも多くなるから、そこでの人の暮らしに触れていくことになるわけだけど、日々の幸せや悩みは、どこの家族もそう変わらない。

家族がみな健康であれと願い、仕事をより充実させたいと日々を頑張り、くだらないことに笑い、自然に感謝し、それぞれの将来の夢を語る。沖縄は、戦争の悲しみを体験として持っている島だから、平和への想いは本土よりも強いようには思う。まして今も基地問題に揺れる島だ。政治の話はそのまま自分たちの生活の話であるから、政治への関心も高いと感じる。しかし、それは「特別」ではない。暮らしていく上での日常だ。

必死に探していた「特別さ」の奥に、たくさんの日々の暮らしがある。これが移住して初めて実感した沖縄だったように思うのだ。

川口美保
Miho Kawaguchi

2

4

1

3

川口美保 / かわぐちみほ
編集者、ライター。雑誌『SWITCH』の編集者として、数々の特集や書籍を手がける。14年3月より沖縄に移住。沖縄を拠点とし、東京、福岡を移動しながら、企画、編集、インタヴュー、執筆、イヴェント制作などを行っている。この秋には、那覇市の首里に、食とカルチャーの発信場所として、カフェをオープンさせる予定。
[web] contemagazine.com

6

8

5

7

そんな時、ふと、東北を思う。宮城県と福島県に友達が住んでいる。震災があって、悲しみも悔しさもたくさん経験している友人たち。特に福島は、原発事故以来、「特別さ」ばかりが目につくようになってしまった。今もなお、いろんな噂が飛び交っているから、その「特別さ」はより増しているように思う。

だけど、同じ、なのだ。そこには人々が暮らしていて、子どもの健やかな成長を願い、日々を楽しみ、日々悩みもあって、未来を見て、夢を持つ。放射能の問題はそのまま生活のことだから、彼らは生活の中でその知識を高め、日々情報を更新しつづけているが、その「日常」は、外からだけ見ていてもわからない。

そこに暮らす友達がいて、初めてわかる、ということがあるんだなと思う。友達の声が、その場所の日常を知る言葉となり、その場所が、距離ではなく、グンと近くなる。人が生きて、暮らす、ということの根本に立ち戻って、その場所を知れるようになるのだ。

その中で、この場所のこういうところが素敵だな、と思えることが、実感として1つずつ増えていくのがいいなと思っている。それがゆくゆく、自分にとって、本当にここは特別だと思えるようになるのがいいなあ、と思っている。

1 / 家の近所のいつもの通り道。首里城が見える
2 / 家では猫が寝ている
3 / 友達の店(喫茶ニワトリ)のかき氷を食べに行く
4 / 休みの日のランチも友達の店(ピパーチキッチン)で
5 / 離島に久しぶりの友達に会いに行った帰り、浜に続く道
6 / 糸満の市場で買ってきたマグロが今日のごちそう
7 / 友達の送別会に北部へ。ヤンプ・コルト&Ha~haのライブも
8 / 慰霊の日を前に訪れた平和記念公園。日々、平和を祈る

Movilist goes to AIZUWAKAMATSU, FUKUSHIMA

会津若松、日本酒と鶴ヶ城

文&撮影　山崎二郎

OFFICIAL CAMERA〈Sony〉「DSC-RX100M3」

大河ドラマ『八重の桜』の舞台となった会津は、僕の両親が生まれ育った地。子供の頃から何度も通ってきたが、最近の移動方法はもっぱらバス。リーズナブルな価格で新宿から1本で会津若松駅前まで付いてしまう利便性が堪らない。東北自動車道のほっこりした景色も好きだし。今回赴いたのは、沖縄・八重山諸島を巡る移動から帰った翌日。ハードな日程もMovilistにはありがたいもの。古い建物が残る七日町通り、鶴ヶ城、白虎隊が自決した飯盛山がある盆地の市内。会津若松から磐越西線で移動し、ラーメンで有名な蔵の街、喜多方。磐梯山のふもとにある、文字通りそれぞれの沼によって色が違って見える五色沼。江戸時代の街並みを再現した大内宿。東山と芦ノ牧の2つの温泉地と、観光スポットが密集する会津だが、今回は市内をゆっくり愉しもうという移動。自転車で回れるコンパクトなサイズゆえの面白さがある街なのだ。

いつも街に行くと、午前中から午後にかけてカフェ巡りをする自分だけど、この街の醍醐味は日本酒の酒蔵を回ること。試飲ができるため、酒好きには堪らないのだ。そして、夜。酒蔵がある街なら、居酒屋の名店が数多くあるのは当然のこと。あそこもここも行きたいと、短い滞在時間ゆえ、一晩でハシゴすることもしばしば。今回行った、風が心地よい5月もいいが、深々と雪が積もる冬に熱燗というのも一興。最後はオーセンティックなバーで締めることが定番。しこたま飲んだ翌日は、古い建築物をしっかりと残す七日町をブラブラするのがちょうどいい。そしてまた酒蔵へ……。ってことは1日中飲んでるってことかい！　それもまたいいではないか。軽く酔っても駅前からバスに飛び乗れば、寝ている間に新宿に着いてしまうのだから。1泊2日でも十分に愉しめるのが会津若松。ぜひ、週末に。

〈会津若松観光ビューロー〉

[web]
www.aizukanko.com
www.tsurugajo.com
[facebook]
www.facebook.com/pages/鶴ヶ城/1480873178848255
www.facebook.com/pages/会津ファンクラブ/345215808944304

1

2

3

4

山崎二郎

JIRO YAMAZAKI

5

6

7

8

9

1 / その地に着いたらまずはコンビニ、あれば書店。ローカルな書籍があるから。会津若松駅前の〈岩瀬書店〉。

2 / 山々に囲まれた盆地の会津の夕暮れ、美しい。

3 / 銀座の名店、〈BAR保志〉が此処に。マティーニ、美味しい。

4 / 中学校の校門は戦前以上前のもの。

5 / ツバメの巣でほっこり。

6 / レンガ造りの古い建築。

7 / 市役所も歴史感あり。

8 / 自転車で街を移動。栄町の小道に感じるものがビリビリと。

9 / 大きな樹にホーリーさを感じ。

10

11

12

13

14

15

16

17

18

10 / 鶴ヶ城お堀脇にある〈北出丸カフェ〉が一番のお気に入りスポット。ヒノキの長く立派な柱が店内に。

11 / 鶴ヶ城のお堀を眺めながら一口だけ昼ビール、やっぱ、至福。

12 / お堀の時点で立派です、鶴ヶ城。

13 / 四角に消火水なのかな？

14 / 酒蔵〈宮泉〉。

15 / イラストがおぼこい「会津のべこの乳」。

16 / こんな感じで利き酒できます。

17 / 通りの照らす灯も素敵。

18 / 小学校の壁もレンガ作り。

19

20

21

22

23

24

25

26

27

19 / 今も残る城下を守った門の跡。

20〜22 / こんな古い建築が並んでるなんて！　タイム・スリップ感バリバリ。

23 / 酒蔵が並ぶ会津は酒飲みには堪らない街。試飲巡りもいいけどカフェも。〈末廣酒造〉の蔵喫茶、〈杏〉は心地よい内装。酒仕込み水で作られたアイス・コーヒー、まろやか。

24 / 居酒屋〈盃爛処〉、さすがの名店。店名を冠した地酒「盃爛処」超美味しい。

25 / 創業80年、老舗割烹料亭〈萬花楼〉の立派なお庭。

26 / 路の端に流れる水がなんとか涼しい気持ちに。

27 / 〈羽生サーヴィス・エリア〉。江戸になってた。なんちゃって感がしないのがすごい。

グランドセントラル駅

SATOSHI 衛藤 智 ETO

『Go By Train』

衛藤 智 / えとうさとし
72年福岡県生まれ。〈コロンビアスポーツウェアジャパン〉、ブランドマーケティング・マネージャー。アウトドア・旅以外の趣味では野球をこよなく愛す。

プラハ中央駅

駅舎が好きだ！
旅の中で電車に乗ることは移動手段に過ぎない。けれど色んな国の街の駅に降り立つのは何だか楽しい。駅には別れや再会などのドラマチックなシーンに溢れている。旅人の僕はそんな気のきいたドラマはないけれど、ワクワクする空気を駅に立つといつも感じてしまう。

ヨーロッパを旅する時、電車を使うと便利、というか楽しい。
陸続きなので車の旅も自由気ままで楽しいけど、路線図と時刻表を片手に計画を立てて、「この国に行って次はあの国に行こう」なんてことが容易に想像できる。
少し前までは(だいぶかな？)国境近くの駅でパスポートにスタンプを押してくれる。
税関の人が電車に乗り込んでくると「国境なんだな～」と感じられるんだけど、今は押してくれないみたいだ。確か電車なら汽車、船なら船のマークだったような……。それが今見るとなかなか可愛いかったのだけど。

電車の旅は、平気で5 ～ 6時間遅れることだってあるので不安だし、予定通りにいかないこともしばしば。そんな時は駅舎でコーヒーを買って本でも読みながら、一緒に待っている旅人と「電車は何で来ない？」、「いつ来るんだ！」と、根拠のない予想を延々と話しながら待っているのも悪くないかなと……。危険な香りがする駅も中にはありますけどね(笑)。

今田雅也

Masaya konta

突然の訃報があったのは、5月19日の会社帰りのことだった。

大学時代に寮も一緒で、新卒入社が一緒だった同僚で、ちょっとしたライバル。

その後、彼は関西勤務となり、私は東京の別の会社に勤務していたのでなかなか会う機会が作れなかったが、『facebook』で「飲みに行こう」と去年話をしたばかりだった。

葬儀は自宅のある宝塚市でおこなうという。会社に有給申請して2日の休みを急遽取ることにした。

宝塚市へは、新大阪まで新幹線で行くと、後は宝塚線に乗って約30分くらい。初めての場所だ。新幹線での移動中は、彼やその家族のことを考えたり、自分がそうなった時のことなども考えると、意外とあっという間だった。こんなことならもっと早く会いに行けたのに。

宝塚は思ったより閑静な町で〈宝塚歌劇場〉が川沿いにそびえていた。

遺言では、11年末からガンになって、こんな日がくることを覚悟していたという。そして、「準備」をはじめてこの日を迎えたのだという。

でも、いつかこの日が来るのを知っていて、できる準備ってなんだろう。まったく想像できなかった。

葬儀を執りおこなったのは、京都の東本願寺だという。寺巡りでしか訪れたことがなかったのだが、もしかすると彼の「準備」についてヒントがあるかもしれない。

帰りは京都に寄って、東本願寺に行ってみようと決めた。
東本願寺の阿弥陀堂は改修中だった。でも御影堂は入れたので座りながらしばらく目を瞑って静かに「準備」について考えてみた。でも、そのうち何も考えなくなった。
帰り際に、境内の販売店にあった『人生に何一つ無駄はない——末期ガンから見えてきた世界』という本がなにかヒントをくれるような気がしたので、帰りの新幹線で読むことにした。

この本では、末期がんを宣告された人がどのように葛藤して、それを乗り越えようとしてきたかが書かれていた。彼はガンの苦しみや葛藤を周囲には漏らさず気丈だったみたいだけれど、この人のようにものすごい葛藤がきっとあったのだと思う。

思わず涙があふれてしまったが、きっと彼は本を書いた人のように、多くの心の準備をしていたのだと思った。やはり帰りの新幹線もあっという間だった。

東京駅について、ケータイから改めて彼の『facebook』を見ると、なんだかまだいるような気がして返信してくれそうな気がした。

今田雅也 / こんたまさや
77年神奈川県生まれ。〈一橋大学〉卒業後、外資系IT企業に勤務。これまでの旅で思い出深い場所は高野山。印象に残っている旅の本は『銀河鉄道の夜』(宮沢賢治)。

SAYAKA ICHIYAMA

市山さやか

1&2 / 香川・東かがわ

仕事柄、日本中あちこち行きます。手袋の産地東かがわ市。バイイングの出張で訪れました。実際に現場を見て、聞いて、触れて、感じて。「体験」、それこそがすべてと思えます。穏やかな瀬戸内海の海はハードなスケジュールの癒しでした。もちろん抜かりなく地の物もいただきます。アワビのコリコリの歯ごたえは絶品で豊かな街だなと思いました。

3&4 / 東京・港区

空が好きです。考えごとをしたり頭を整理する時に空を見上げる癖があります。〈cado〉のオフィスの非常階段からは東京を一望できます。この日の夕焼けはなんだかドキドキする色でした。9月の新商品発表会に向けてのツールMTG。〈cado〉は全部を自分たちでやる会社。このスタンスが好きです。感覚的な共通言語を理解し合えている仲間との仕事は最高に楽しいです。

5&6 / 京都へ

毎月訪れます。家族のために時間を費やせる今の生活スタイルを気に入っています。東京から約2時間の新幹線は丁度良い作業時間。車中からの富士山は時折おりの季節を感じさせてくれます。

7〜10 / コタキナバル

息抜きの家族旅行。今回はマレーシアで暮らす兄一家の元へ。コタキナバルへ移動し、ただただジャングルのような大自然の中でのゆったりと時を過ごしました。甥っ子の驚くほどの成長っぷりを間近に見、きままに飲んで語らい、海で遊んで、心身ともに充電の旅でした。後ろ髪引かれる思いで飛行機の中からパシャリ。

市山さやか / いちやまさやか

フリー・バイヤー、PR。アパレル・ブランド、家電ベンチャーを経てフリーランスとして活動をスタート。現場で培ったノウハウを生かし、クライアントの社内(現場)チームに共に入り目的達成を目指すプレイヤー。現在はメイド・イン・ジャパンの商品を取扱うECサイト(バイヤー)、家電ブランド〈cado〉(マーケティング・広報)を中心に活動中。

[web] cado.co.jp

1

横田地弥生

3

2

Yayoi Yokotachi

1 / 〈リゾナーレ小浜島カントリークラブ〉。"日本最南端のゴルフ場"というキャッチ・フレーズに惹かれて。風が強い上に、ウッドが折れ、スコアはボロボロでしたが、開放感あふれる雰囲気に癒されました。

2 / 〈星野リゾート リゾナーレ小浜島〉。ホテル施設内にある海沿いのカフェ〈島Books & Café〉で本を読みながら寛ぎのひと時。波の音をBGMに何時間でもいられます。ここのワッフル×コーヒーの組み合わせは最高です！

3 / 小浜島の海。梅雨の季節にも関わらず、晴天！　カラフルなパラソルとチェアー、砂、海の色のバランスが絶妙。「これぞリゾート！」を感じさせる風景に思わずカメラのシャッターを無意識に切っていました。

横田地弥生 / よこたちやよい
総合バッグ・メーカー〈エース〉の広報チームに所属。トラヴェル・バッグ・ブランド『プロテカ』を始め、プレミアム・ラゲージ・ブランド『ゼロハリバートン』やメンズ・ビジネス・バッグ・ブランド『エースジーン』などのPRを担当している。旅行が趣味で、国内・海外含め年に5回は旅に出かける。リゾート地でゴルフをするのが至福の時間。
[web] www.ace.jp

4

5

6

4 / 竹富島。離島と言ったら、あの伝統的な紅色の屋根を思い浮かべますが、まさにそのイメージ通りの場所。サイクリングにはピッタリの島の大きさなので、自転車を飛ばして島を一周！　自転車に乗ったの、何年振りだろうか。
5 / 竹富島のランチ。有名な〈竹の子〉にてソーキそばをいただきました。お肉が柔らかくて本当に美味。炊き込みご飯（右上）も美味しかった……。記念に〈竹の子〉Tシャツを購入。ここでしか買えないエクスクルーシヴ感にやられました。
6 / 西表島。西表島と言ったら「水牛でしょ」。ということで、早速西表島から約400メートル先にある由布島まで水牛に乗って移動。牛によって全然乗車時間が違うんですよ、びっくり（笑）。

早乙女道春 / さおとめみちはる

画家 / イラストレーター。66年生まれ。88年セツ・モードセミナー卒業。同研究科在学中に穂積和夫氏に師事。93年『スイングジャーナル』誌選新作ジャケット優秀アートワーク賞、94年関西版『ぴあ』演劇ポスター、チラシ大賞入選。95年より〈全日空〉機内誌『翼の王国』にて国内外を取材し、絵を描く。04年佐藤雅彦『砂浜』〈紀伊國屋書店〉の、08年小泉純一郎元首相著の『音楽遍歴』〈日本経済新聞社〉などの装画を担当。他、〈PAUL ＆JOE〉、〈Caltier〉などブランドとのアートワーク、個展の開催など、幅広く活躍中。日本屈指のジャズ・ジャンプ・バンドBloodest Saxophoneがジュウェル・ブラウンをフューチャリングしたアルバム『ROLLER COASTER BOOGIE』のジャケットなどのヴィジュアルを担当、ライヴ・ドローイングでツアーに同行、多数共演。

[web] saotome-michiharu.com

Movilist goes to YAEYAMA ISLANDS, OKINAWA.

沖縄・八重山諸島を毎日、移動する愉しみ

文&撮影　山崎二郎

OFFICIAL CAMERA 〈Sony〉「DSC-RX100M3」

夏の沖縄はもちろんサイコーだけど、5月、風が心地よく、過ごしやすい沖縄も好きだ。去年に続いて今年も、僕は沖縄へと移動することにした。今回の移動のテーマは八重山諸島間を1日ごとに移動すること。なにより、移動の愉しみは音楽。同じ曲でも室内と室外では聴く感じ方が違うけれど、更に移動の最中に聴く贅沢ったら！　今回は石垣島出身の3人組、BEGINの曲をずっと聴きながら移動することにした。羽田から石垣島への直行便も便利だけど、那覇で乗り継いで石垣島に入るというひと手間が、Movilistには溜まらない。

石垣島の空港からバスで離島ターミナルへ。そして、フェリーに乗り、まずは西表島へ向かった。右手に竹富島を見やりながら進む船。蒼い海の色と淡い青の空の色のコントラストが美しい。リズミカルなナンバーが心地よく気持ちを高揚させていく。西表島に着き、借りた車のスピーカーから流れるミディアム・ナンバー。島を周る一本道、右に大海原、左に壮大な森というこれ以上ないシチュエーションで聴くBEGINのうた。なんと、幸せな時間なのだろう。

陽が暮れるのは以外と遅い。なら、愉しみはとっぷりと暮れる夕暮れを味わいながら飲むビール。ひとり入った居酒屋の屋外の席でヘッドホンを耳にあて、染み入るスロウな曲。ゆっくりと過ぎる時間と共に、どんどんメロウな気持ちになっていくのが分かる。島の野菜をアテに、ビールから泡盛へと。気付くとすっかり暗くなり、「こんなに星って近くにあったんだっけ！」と感動。夕暮れから夜へのゆったりとした時間の流れが、島ならではだ。

翌日、深い森を歩いて一休みする際に冷たいお茶で喉を潤しながら、またもヘッドホンで味わう楽曲。そして、港へ移動して、一路、石垣島へ向かう船で流れる曲も改めて一興。石垣島へ着き、再び、違う船に乗る。次は小浜島、だ。石垣島を起点にして、八重山諸島を移動できるのは、移動主義者としてはありがたいこと。

着いた小浜島で、スクーターを借りて島を一周する。2時間もあれば、周れる大きさ。高低の起伏がある道の高台から海を眺める。なんて絶景な！　風の音をバックグラウンドにして、またも1曲が染み入ってくる。ちょこちょこ、素晴らしい景色のポイントに止って、お茶と曲を愉しめるのがスクーター移動のフットワークの良さ。島の突端の浜辺からは、すぐ近くに西表島が。

今宵の夕暮れタイムは、港にある居酒屋。3階の窓から眺める海とオレンジ色に暮れていくマジック・タイム。当然、ビールは「オリオン」。堪らない！　店内を見渡せば、島の若者が思い思いに盛り上がってる。そんな中にひとりでいるのも、決して悪くない。那覇から石垣島、さらにここまで移動して感じるものが確かにある。こればかりは『グーグル・マップ』を観ただけでは決して味わえない実感。皮膚から入って来る質感。これこそ、時間をかけて、移動する醍醐味なのだ。

すっかり暮れて、歩きながら聴くバラード。空にはこれでもか！っていうぐらいの星たち。言葉が肌から直に入ってくる感覚。放牧されている山羊くんや牛くんを見やりながら、口ずさむことができるなんて！

翌朝、早く起きて、港へ。最初の便で石垣島へと向かう。朝の空気、朝の風、清々しい移動となる。石垣島へ着き、間髪入れずに向かう先は鳩間島。今日は18回目となる『鳩間島音楽祭2015』が開催されるのだ。小浜島と同じく、西表島に近い鳩間島。またも楽しい船移動。

鳩間島へ着き、右へ行くと、会場となる、今年、新築された音楽堂へすぐなのだけど、僕は左へと歩を進めた。歩いて一周できる大きさと聞いたので、ならば徒歩移動して会場へと行こうではないか。牛くんが放牧されている森の中へ入り、抜け出た先にある浜。八重山諸島を移動していくうちに、浜辺と言っても、それぞれの顔があることに気付いてきた。だから、そこで曲を聴きながらゆったりする時間をそれぞれの浜辺で味わう楽しみがあるのだ。歌声が聴こえてきた。そろそろ会場に着いたのだ。音楽堂に入ってびっくり！　すぐ横が海！　このロケーションなんだ！　鴨うどんを食べながら、腰を降ろして流れる風と降り注ぐ太陽の元、流れる三線の調べ。う〜ん、極上でしょう！　ステージ前で踊る観客の姿が、この催しをさらなる祝祭空間へと昇華させていく。「来年も来よう！」と強く思った。

再び石垣島へと船は往く。そして、スクーターを借りて移動。一路、川平へ向かうことに。道すがら左手には海と夕暮れという、またもマジック・タイムに遭遇。これだから移動は止めれない。着いた川平湾の美しさよ。しばし、ここでお茶&音楽タイム。翌朝、空港へ向かい、僕は沖縄を後にしたのだけど、移動する最中、行った先々で味わうBEGINの楽曲は、東京に戻り、改めて聴く時に、沖縄の空気、質感、そして思い出が真空パックされ、それらの楽曲を聴く度にこの移動のことを鮮烈に思い起こすことだろう。それが、移動with音楽の愉しみでもあるのだから。

YAMAZAKI JIRO

1

2

3

4

5

6

山崎 二郎

7

8

9

10

11

12

13

14

1 / 早朝の東京、美しいー。

2 / 『Baseball Okinawa』さすが野球盛ん！

3 / 移動中はレインボードット柄のスリッパに履き替えてリラックスー。

4 / 那覇から石垣島へ移動。海が蒼い。

5 / 西表島の集落の石垣。

6 / 何気ない路が惹かれる。

7 / 突如現れた鳥居。神聖な気持ちに。

8 / 川と山々のコントラスト。

9 / 芝生が校庭の中学に居たのは、山羊くん！

10 / 夕暮れ前のなんとも言えない色。

11 / 小道だけでなんともほっこりします。

12 / 海の横の野球のグラウンド。プレイしたい！

13 / 森から一転して海。なんというダイナミズム！

14 / 今朝の朝一コーヒーは浜辺で。気持ちいいー。

15

16

17

18

19

20

15 / 鯉のぼりなびく。

16 / イリオモテヤマネコ注意の看板。

17 / 水面から雄大な森。これぞ、西表島！

18 / 森へ続く路へ誘われる。

19 / 西表島の模型とシークワサー・アイス。

20 / 小浜島には牛くんが。

21 / こんな校庭で学びたいわ。

22 / 家屋の石垣。

23 / 小浜島の小さいな集落。

24 / 雲が素敵！

25 / 港にあったエイのモニュメント。

26 / 島の突端の細崎海岸の向こうは西表島。こんなのに近いんだ。

27 / 移動の愉しみはその地の呑み屋。港にある〈BOB'S CAFÉ〉、サイコーに気持ちいい。

28 / 突端へ続く一本道のパノラマ感が！

21

22

23

24

25

26

27

28

29

30

31

32

33

34

35

36

37

38

39

40

41

29 / 石垣島から鳩間島へ船移動。かわいい発着場。

30 / 歩いて島を一周。

31 / すぐ目の前には西表島。

32 / 『鳩間島音楽祭』。そりゃ踊るよね！

33 / 新築の音楽堂は海の横！

34 / 鳩間島から石垣島へ船移動。エアコンが効いた室内よりうるさい室外席が好き。

35 / 最初「不味い」と感じるも飲むうちにハマった〈A&W〉のルート・ビア。ジョッキがうれしい。思わずキャラ・キャップ買ってしまった。

36 / 石垣島市内から川平へスクーター移動中に突然のスコールでずぶ濡れ。

37 / 豪雨の中なんとか川平到着。冷えた身体にあぐー豚の焼肉が美味し過ぎ。シークワサー絞ってというのが好き。

38 / 川平湾は曇りで残念も綺麗。

39 / 川平の辻にあったがじまるの樹。願いを1つ唱えました。

40 / 〈石垣島空港〉。〈スタバ〉でやっと一息つけた。雨が途中でピーカンになったりして。

41 / さっきまでの離島ののどかさからワープ感がハンパない。両方が好きだから。帰りの羽田からのバスで今回の移動を反芻タイム。

櫻井健一

KEN ICHI SAKU RAI

14年2月末、上海〜杭州〜成都〜北京〜天津、3泊4日。中国出張はいつも大移動だ。翌3月は3週続けての香港出張から月末はニューヨーク、その翌週は台湾出張といつも以上に大移動月間がやってくる。この間は、起きて、ここがどこなのか?を確認することから1日が始まる。そして、地元の料理を食することが一番の楽しみだ。

話を中国出張に戻して、まずは上海に着いて中国SIMカードを入手後、新幹線に乗り、杭州に移動。新幹線内は電話の電波が途切れて何の情報も入手できない。ところどころに〈中国移動通信(チャイナ・モバイル)〉の電波塔(塔といっても電信柱に小さなアンテナが付いているものだが……)が設置されているが、その近くでも電波は入らない。外の景色は変化のない緑がずっと続く。

杭州に到着後、商業施設と街の様子を見る。さすがに上海や北京とは違い田舎町だ。やはり出店場所としては物足りなさを感じる。落ち着く間もなく夕方には〈杭州空港〉に行き、成都行きの〈エア・チャイナ〉に飛び乗る。中国国内移動といっても3時間のフライトだから、日本から上海までのフライト時間とほぼ同じ。こんなときは「Bose QuietComfort 20i Acoustic Noise Cancelling headphones」の出番だ。

MY MOVIN' DIARY

1&2&3 / 成都に着いて夜食の時間にやっと夕食。屋台村のような一角で常温のビールと担担麺。地方に来ると、冷えたビールは期待できない。本場四川省の担担麺は汁なしで辛より麻が強い(成都泊)。翌日の昼食はもちろん麻婆豆腐。木の桶に入ったご飯を自分の器に食べる分だけとって食す。この地域で麻辛を食すようになった理由は、年間を通じて汗をかかないような穏やか気温のため、あえて、辛い物を食することによって汗をかくのだとか。辛いもの好きにはたまらなく幸せな土地だ。上海、北京ほどではないが、重慶と共に四川省を代表する成都の街はさすがに都会だ。夕方に〈成都空港〉から北京に移動。こちらも移動時間3時間。

1

2

3

4

5

6

櫻井健一 / さくらいけんいち

アパレル・メーカー〈アダストリア〉会長室顧問。昨年までアジアを中心とした海外出店の陣頭指揮をおこなうため、1年の2/3を海外移動していた。

4 / 北京は空港もそうだが、全体的にタクシーが捕まらない。この日も夜の9時過ぎから1時間以上の待ちでやっとタクシーに乗車。ホテル到着後に夕食だが、地元飯のレストランは閉店していて、スポーツ・バーでビールとハンバーガー。ここのビールは冷えていてありがたい。お客も欧米人が多く、まるでマンハッタンにいるようだ。北京は中国の中でも極めて民度が高く緊張感が緩む(北京泊)。翌日は北京の店舗巡回と商業施設を見て回り、既存店の現状把握と出店候補地を検討。

5 / この日の夕飯は、現地スタッフたちと北京を代表する羊料理。羊は、世界中でもっとも子孫を多く残したとされる人物、チンギス・カンの時代から食されている串焼きと鍋でいただく。臭みは強いが、極寒の地域特有のアルコール度数50度以上のお酒、白酒(パイチュウ)と一緒に食すと気にならない。この店は至る所にチンギス・カンの功績を記す物品や勢力地図などが飾られている(北京泊)。

6 / 今回の最終日は北京から新幹線で天津へ移動。天津は中国直轄市(北京、天津、上海、重慶で最高位の4都市であり、省と同格の一級行政区画)の1つで、さすがに大都会だ。国を挙げて旧市街と同等の新市街地を建設中で活気もある。「天津甘栗」。日本では有名だが天津には存在しない。栗の産地でもない。中国産の栗を出荷する港が天津だったことから日本ではその名称になったようだ。これに負けない名物は、狗不理の包子(肉まん)。狗不理包子(コウプリパオズ)は、天津市にある、1858年に創立された最も歴史の古いブランドの1つで、中国を代表する包子専門の老舗である。作り立ては、ぎっしり詰まった肉から肉汁があふれ出しかなり旨い。出店候補地確認後、再び新幹線に乗って北京へ戻りタクシーで〈北京空港〉へ移動後、帰路に就き今回も慌ただしい中国出張が終了する。

YUKA
翁長
ONAGA
由佳

1

2

3

翁長由佳 / おながゆか

70年、沖縄県生まれ。〈玉川大学〉卒業後、観光関連団体で勤務。誘客PRであちこちを訪問。もう一度旅したい場所はブルージュ。好きな旅の本はスティーヴン・キングの『ダーク・タワー』シリーズ。

4

5

6

1 / 沖縄の東側、伊計島へのドライヴはちょっとした小旅行気分。青い海と空を突き抜ける海中道路のワクワク感から、異次元の世界に入り込むような伊計大橋を渡り島に行く。息をひそめたような緑を抜けると、その先に美しい景色が広がる。時間を忘れしばし佇む。

2 / 沖縄の東村慶佐次湾（げさしわん）にあるヒルギ林。10ヘクタールも広がる県内最大規模のマングローブは圧巻。ヒルギたちの足元では、様々な生命の息吹を感じることができる。見つけると幸せになると言われるブルーのカニ。実は見つけちゃったんだな、私。

3 / 一見酒豪に見られるけれど、実はお酒もほとんど飲まず、もちろんタバコも吸わない私。ジャンク・フードさえ食べなければ超ヘルシー。でも、出張に行った時はそこでしか会えない大切な人たちとたまのお酒を楽しむ。この夜は仙台の地酒を飲みつくしたあとに、なぜか山形のお酒。沖縄出身の私にとっては、こうやって飲む日本酒はすごく新鮮。ちょっと大人の気分。

4 / 実は寒いのが大の苦手で、人生初だった今年の冬の北海道。足元からぐわーんと来る、想像を絶する冷えには慣れないけど、沖縄では見ることのない白い景色にいちいち声を上げて感動。寒いのはイヤだけど、白の世界はまた見てみたい。

5 / 飛行機の上から毎回撮ってしまう雲の上の写真。この先に大気圏があって、限りなく宇宙に近い状態に自分がいる感覚が好き。音も匂いも何もない真空感を想像しながら、ぷっかりと雲の上を移動する。

6 / 娘に頼まれて、県外に行くたびに探し回る「ご当地モケケ」。モケケノ星からやって来た宇宙人らしい。全国に60種類以上いるそうで、うちにいるのは沖縄の子も合わせて6種類。
まだまだ先は長いけど、最近ではこのモケケ探しが旅の楽しみのひとつになっている。

1

2

小林ノリコ

noriko kobayashi

1 / 熱海銀座通りに完成する〈GuestHouse Maruya〉。もとはパチンコ店だったが、廃業後10年間、空き店舗になっていた。街づくり会社〈machimori〉、NPO法人〈atamista〉などが中心となりゲスト・ハウスとして再生させ、街に賑わいと人の流れを生み出す計画。内装や壁のペンキ塗りなどはスタッフのほか、熱海を愛する人たちがボランティアで手伝った(私も壁のペンキ塗りで参加)。この写真は宿泊客の個室になる場所で、カプセル・ホテルのような造りになっている。

2 / ロフトが付いたラウンジは、ゲスト・ハウスの事務所とシェア・オフィスを兼ねている。実は私、このシェア・オフィスへ入居することになっているのだ。図らずも再始動から1年経たないうちに、「熱海市街にオフィスを持つ」という夢がちょっぴり叶ってしまった。緊褌一番、ここを拠点にして取材・文筆活動などに励んでいきたい。このゲスト・ハウスに集う、たくさんの人たちと出会うのがとても楽しみだ。

3 / 沼津市にあるライヴハウス〈Quars〉では、不定期で『メシラボ』というイベントを開催している。「ライヴハウスで土鍋ごはんを炊いてみんなで食べよう」というユニークな試み。炊きたての白飯に合う「ごはんのお供」をマジメに考えるだけでなく、伝統食材や地産食材の発掘と再評価、そして地元の人たちの交流を目的としている。回を重ねるごとに参加者が増え、リピーターも多い。かく言う私も、すっかり土鍋ごはんのとりこなのである。

4 / 梅雨入り直前、6月とは思えない快晴に恵まれた。沼津市立静浦小中一貫学校の児童・生徒たちが、地元のダイビング・サービスや専門家とともにおこなう、サンゴの養殖体験の授業を取材。造礁サンゴ、ヒメエダミドリイシの一部を種苗としてロープの縄目に挿し、両端を海中の岩に固定して育てる。ロープに種苗を挿す作業がなかなか大変なのだが、子どもたちはとても器用で、あっという間に作業が終わってしまった。

5 / 伊豆半島西北部は、造礁サンゴの北限と言われている。だが、他生物による食害の影響などで、沼津沖のサンゴは消滅の危機にあるという。専門家の説明に真剣に耳を傾け、作業に熱中する子どもたちの姿はじつに頼もしい。子どもたちとのひと時は、伊豆各地を移動するのと同じくらい、素晴らしいインスピレーションを与えてくれる。美しい故郷と共に生きる伊豆の人々を、これからも追いかけて記録し続けたいと、決意を新たにした。

3

4

5

小林ノリコ / こばやしのりこ

フリーランス・ライター、移動文筆家。東京の編集プロダクション勤務を経て、05年に地元・伊豆で活動をスタート。15年、静岡県熱海市に拠点を移し再始動。「気軽に出かける、ゆる伊豆」をテーマに、書籍や旅行系インターネット・サイトなどで取材・執筆を手がけている。

[web] covanon666.wix.com/profile

富藤元一

motokazu tomifuji

1

1 /【15年2月、初めての上海】スモッグとPM2.5に覆われた青空のない街、上海。想像してほしい。そう、憂鬱な気分になる。そんな気分を吹き飛ばそうと、ホテルの部屋で音楽をかけた。いつも移動の際は小さなBluetoothスピーカーを携帯している。滞在先での選曲はその時の感情の佇まいが特に反映されると僕は思う。選んだのは、佐野元春の『VISITORS DELUXE EDITION』に収められている楽曲「CONFUSION」。83年のニューヨークの混沌が描かれている。僕は上海の混沌の中だ。何度もリピート再生した。

富藤元一/とみふじもとかず

71年東京都文京区生まれ。〈Bose〉のブランド・マーケティング、広報宣伝部長。〈明治学院大学〉フランス文学科卒業後、放送会社、住宅機器メーカーの宣伝部を経て、99年より現職。近年ではノイズキャンセリング・ヘッドホンやワイヤレス・スピーカーのプロモーションの指揮を執り、爆発的な人気に。「10代の頃に影響を受けた音楽を信じ続けること、そしてその音楽にあらゆるかたちで感謝を示し、初心を忘れないこと」を自身の公私に渡る信条としている。

2

2 / 【15年3月、シンガポール再訪】街の中心に位置する〈フェアモント・シンガポール・ホテル〉に1週間滞在した。部屋に入るとまず500mlペット・ボトルの水をベッドの周りにまく。乾いた部屋がこれで潤います（ぜひお試しください！）。これが僕の移動先での儀式。準備完了です。窓から見えるのは〈ラッフルズホテル〉。村上 龍の本にもあったなぁ。シンガポール・スリング（カクテル）発祥の地だ。一度は飲むべきだと誰かから聞いた。思い立ったら速攻。部屋のドアを後にした。写真は、伝説のロング・バーでグラスを傾けた後の満足げな1カット。

MARI KOBAYASHI
小林真理

1

2

3

4

5

1 / 地元・群馬のサッカー・チーム〈ザスパ草津〉の15年新体制発表会へ。左からDFの有薗真吾選手、スポーツ・ジムを営む父、DFの久冨良輔選手。

2 / 取材でタイ・バンコクへ。三輪タクシー、トゥクトゥクに乗って夜の街を疾走中！　ブンブン大きな音を出して、点滅ライトに爆音のミュージック。昼間の穏やかさから一変し、刺激的な夜でした。

3 / タイで一番楽しみだった屋台ご飯！　「衛生的にちょっと……」なんて声も聞きますが、そんな事は気にしません（笑）。カニを叩き斬るお母さんの姿が逞しい。ここで食べたヤム・ウンセン、あまりの辛さに全身痺れました！

4 / 撮影でスペインのIBIZA島へ行ってきました。ここは〈PACHA〉グループが経営するホテル〈Destino Pacha Ibiza Resort〉。昼間のラグジュアリーな雰囲気から変わり、夜は巨大クラブへ変貌します。オープン・エアーで心地よい空間です♪

5 / 早起きしてビーチ沿いのレストランで朝ご飯。IBIZAでは新鮮なオレンジが採れるので朝はオレンジ・ジュースが定番。生ハム、チーズ、トマトのブルスケッタで満腹！　日差しが強いので、食べ物でビタミンCを補給できるのが嬉しいですね。

小林真理/こばやしまり
エディター、ライター。群馬県・草津町出身。大学在学中『JJ』にて編集アシスタント、大学卒業後に『GLITTER』、『S Cawaii!』などの女性誌を経てフリーランスに。多忙時期を経て、自分の時間も大切にするライフスタイルにシフト。現在は雑誌やウェブ・マガジンなど、多方面で執筆。
[Instagram] instagram.com/marikobayashi1
[twitter] twitter.com/marikobayashi1

6

7

8

9

10

6 / IBIZA島のモンスター・クラブ〈DC-10〉にて。世界中を揺るがしているIBIZA発祥のビック・パーティ『CIRCOLOCO』が開催されていて、まだ早い時間にも関わらずたくさんの人で賑わっていました。
7 / 「IBIZAは音楽から食文化へと変わっていく」と話すシェフのお言葉を噛み締めながら、〈Destino Pacha Ibiza Resort〉にてランチ・タイム。舌が肥えたヨーロッパのセレブが集まるIBIZAだからこそ、食文化が自然と高まっていくんですね。
8 / 宿泊していた部屋から見たサンセット。まだ明るいですが実はもう21時半！　日が長くてお天気が良いのでアクティヴに活動できるし、街の人たちもとってもポジティヴ・マインドの人がばかりでした。
9 / BIZAからの定番小旅行スポット、フォルメンテーラ島から、ボートでの帰り道。クタクタに疲れていても、こんなに美しい風景を見ると疲労さえ飛んでいってしまいます。真っ青な海とオレンジに輝く太陽のコントラストが素晴らしかったです。
10 / 出張続きだったので、田舎に帰ってのんびり温泉三昧！　湯畑からほど近い温泉宿〈奈良屋〉の前でパチリ。湯畑から近いので泉質がとっても良く、柔らかくて上品なお湯を堪能してきました♡

cine
El Mégano

Cuba Caliente

キューバ、
最強の音楽。

文&撮影

HIROKI KOH

江弘毅

今回のキューバ行きの目的は、コンフント・フォルクロリコ・ナシオナル・デ・クーバ、つまりキューバ国立民族舞踊楽団でコンガでのルンバを習うこと。チャランガ・アバネラに所属していたパーカッショニスト・ラサロ氏にソン(サルサ)〜チャチャチャ〜ソンゴなど、現代キューバ音楽のパーカッションのレッスンを受けることだ。

加えて「ソンの揺りかご」と言われる音楽の街、キューバ東部の第2の都市サンティアゴ・デ・クーバで音を聞くこと。ハバナが舞台だったライ・クーダーの『ブエナ・ビスタ・ソシアル・クラブ』でもしきりにサンティアゴのカサ・デ・ラ・トローバでコンパイ・セグントやイブライム・フェレールが、「この音楽の首都が故郷なんだ」と演っているシーンが映し出されていた。サンティアゴでの宿泊はこのカサ〜の向かいにあるホテルで、楽しみにしている。

関空から羽田へ約400キロ。そこからキューバまでは12,000キロの距離だ。時差は13時間、まさに昼夜逆さま、地球の裏側と言ってよい。

実際には〈エア・カナダ〉でトロントへ、飛行時間約12時間。そこからハバナ行きに乗りつぎ、ほぼ真南にジェット機で約3時間南下して到着する。端折っていえばそういうことになるが、大阪を朝に出て2回乗り継いで、ハバナのホセ・マルティ空港に着くのが夜9時過ぎだ。それはその日のうちに着くのか、1日後なのか、そういう実感はない。とにかく飛行機に乗りまくって乗り換えてまた乗って、いつまで乗っているんだみたいな感覚になってくる。

1

知らない国に夜遅く着くのは心細い。できれば陽のあるうちに到着したいところだがしょうがない。おまけに雨。キューバの通貨は日本では交換しているところはないからすべて現地任せとなる。こんな夜中に大丈夫なんだろうか。日本円が交換不可で「アスタ・マニアーナ」、いきなり使えるお金がなくて空港で夜を明かすなんてキツいな。

そんなことを考えながら、ハバナのホセ・マルティ国際空港の厳しい入国審査とベルトまで外されるセキュリティ・チェックを受け空港内に入る。網柄タイツに超ミニ・スカートのアーミー・ルックな制服を着た入国管理官は、グロリア・エステファンそっくりで「おお、なかなかヤルやんけ」と大阪弁が出てしまう。ラテンな感じを表現するには同じく巻き舌が多い大阪弁が便利だ。

空港のすぐ外にあるという両替所はすぐ見つかった。すでにスペイン人かイタリア人風のラテン系の旅行者が列を作り、でかい体の警官や警備員が厳重に見張っているからだ。さすが社会主義の国だ。日本でキューバの治安については良いと聞いていたその通りであると早々に納得しそうになる。

カデカつまり両替所から通路を隔てたところはタクシー乗り場だ。夜も遅くなり、ちょっと怖い。両替所前で親切にしてもらったおじさんに「タクシー、どれに乗れば良い？」と聞いたら顔見知りの運転手のところまで連れて行ってくれた。これはありがたい。

雨の中、宿のあるハバナ・ビエハ(旧市街地)まで約30分ぐらいだったろうか。地図を含めキューバの情報は極端に少ない。途中、道路はところどころ大きく陥没してそれが放ったらかしにされているところがありその前で急停車したり、旧市街のメインストリート、オビスポ通りは車が入れない細い路で、運転手がクルマを停めて夜中にうろつく現地人に「ホテル・アンボスムンドスはどこか」とたずねたり、いい加減なのか親切なのかわからない。

ものすごい古い建物の間の細い路地とオビスポの交差するところで下ろされる。「すぐだ、2ブロック向こうだ」と運転手は言う。雨に濡れながらカートを引いて急ぎ足で歩く。

《ハバナは、暗い首都である。藤原新也がTVの番組で旧市街の夜を歩き、「暗いなあ」と言っていたのが忘れられない。あの微妙な暗さの写真で人間の機微を描くところの巨匠をもってしても、この街の暗さにはマイったのだろうと思う》(『旅行人』09年下期号/樋口 聡)。

ほんとにハバナの夜は暗かった。シャワーの湯が出なくてクローゼットのドアがちゃんと閉まらないホテルの部屋も、気力を削ぐほど薄暗く感じた。1泊日本円で1万5千円。1900年代初頭の立派な古典建築の、ヘミングウエイの常宿だったホテルなのに、夜明け前から陽の光を待ち構えてしまう欠乏感を抱えた暗さだった。

ハバナ滞在中は毎朝5時には目を覚まし夜明けを心待ちにしていたが、闇からぼんやり浮かびあがる廃墟のような街並には、開き直ったような物悲しい味わいがあった。

2

アフロ・キューバン音楽の珠玉のルンバ。ワワンコ、コルンビア、ヤンブー。一番大きなトゥンバと次に大きいコンガ、小さなキントをそれぞれ1人ずつで叩き、それらが生み出すポリリズムが時間の歪曲させる感覚に耽溺していた。マンボ、チャチャチャ、ボレロ、新しいティンバ。サンティアゴ・デ・クーバがその聖地だというソン。ラ米移民アメリカ人がやるファニア・オールスターズ以降のサルサとプエルト・リコのボンバ。ドミニカ共和国のファン・ルイス・ゲーラが引っさげてきたバチャータとゆるやかなメレンゲ。メキシコのちょっと古いトリオ・ロス・パンチョスとそれを歌うイーディー・ゴーメ。ボサノバもそれこそ数えきれないほど聴いたな。

ほとんどここ20年はラテン音楽に淫するという状況の中、キューバの現在進行形の音に関してはほとんどリアルなところは知らない。アメリカが国交断絶したままでおまけに徹底的な経済封鎖をしていて、ニューヨークやロサンゼルス経由では音源が何も入ってこないからだ。『YouTube』のアップもキューバものだけ極端に少ない。ただ例えばヴァーニャ・ボルヘスの歌やエリアデス・オチョアのトレス（ギター）にしろ、とてつもなくすごいということは、ブエナ・ビスタ以降、その文脈で入ってくるヨーロッパ経由の音源で確信していた。

わたしがキューバに行きたいなと思い始めたのは、「ディープ・サウス・ラテン大阪」と異名をとる岸和田のだんじり祭の大役・曳行責任者を無事勤め上げ、21年ぶりにうちの町に回ってくる年番総務をすることになった頃だ。正確には3年くらい前のことだ。わたしは30代から地元では「だんじりエディター」などと言われていたが、40代で若頭筆頭、50代では曳行責任者、年番総務の大役をどうしても「やらないかん星回りに生まれた」ようで、その役に就く年を含め2〜3年間は仕事そっちのけで岸和田地車祭礼の準備にかかってきた。

とくに昨年務めた年番総務は数えると年間110日、神事や公式行事、そのための準備、警察や市行政担当との会議、各種祭礼団体との打合せ、宮入順を決める籤引き……と、一年中祭礼にどっぷり身を浸してきた。祭礼への準備を

進めながら「今年の祭りが無事終わったらキューバに行く」。そう決めていた。そして試験曳きと祭本番の４日間、死亡事故や大きな揉め事もなく終えることができた。

例年にない暑い9月の祭が終わるや、キューバへの「音楽旅行」実現のために、キューバ専門のトラベル・ボデギータに駆け込み、このまったくわがままな個人旅行が可能になった。また当初はせっかく行くのだから、ドミニカとプエルト・リコにも寄って、メレンゲやボンバのリズムに触れたい、などどお願いしていた。

>コンガ歴は5年ですが、泉州岸和田のだんじり祭り（終わったばかりです）では、大太鼓、小太鼓、鉦、笛とすべて、小学生の頃から英才教育（笑）されてきまして、実際に祭礼では鳴物係を約10年務めました。それから25年、今は岸和田の伝統だんじり囃子においての指導者的立場です。

>コンガのラテン系の基本的なリズム・パターンは、ほぼ叩けます。

>現地本場の「訛り」みたいな、ぐっとくる感覚を習いたいのです。

>キューバでの２つのレッスンに加え、できれば、プエルト・リコでもボンバ〜プレーナの民族系由来ビートの最前線、サントドミンゴではメレンゲを現地で直接聞いたり習ったりしたいです。

というような、わかる人にしかわからないメールを送っている。そのうえで国立民族舞踊楽団でルンバの伝統を、キューバのパーカションン・プレイヤーからは革命前から現代進行形までの全アフロ・キューバン・リズムのレッスンを受けたいとお願いしていた。

後者の講師としてアレンジしていただいたプレイヤーがラサロ氏（Lazaro Jesus Mengual Abreu）だ。チャランガ・アバネラに所属していたパーカッショニストで、彼のファミリーはロス・パピネスという歴史あるパーカッショニスト・ファミリー。パピネスはルンバを興行的に成功させた大御所グループだ。親族ほぼ全員パーカショニストというのが、岸和田祭礼にもよくあるだんじり囃子を担当する鳴物一家と似ている。

4

キューバのパーカションの要諦は「踊れるかどうか」だ。

「踊れるか」なんていうと、社交ダンス的なサルサのステップを正確に踏めたりや、ディスコやクラブで踊ることを発想しがちだが、そうではなくて「腰を動かしたくなる」かどうかだ。岸和田のだんじり囃子の鳴物に置き換えると「キミは音楽大学で太鼓をやっていたそうで確かに上手いけど、その太鼓では走られへん」というのに近い。サボールというのだろうかセンティメントというのだろうか、「それで踊ること」のあるなしと思う。

3日間びっしり教えてもらった国立民族舞踊楽団の先生である70歳を超えるアルベルト氏は、わたしたちが後輩に太鼓を教えるのとよく似ていた。

徹底的に粘り強く、何回も同じことを繰り返させる。わたしが一番「難しいなあ」と思ったのはルンバのクラーベだった。ソン（サルサ）クラーベの3-2を日本なら「たん・たん・たん・ん・たん・たん」と言語音声的に表現し、ルンバは「たん・たん・んたん・ん・たん・たん」などと言う。これがまったく違った。「こういう風にしてたからあかんかったんや」と思った。ルンバは「ぱっ・ぱっ・ぱーあっ・ぱっ・ぱっ」である。書けば何のことかわからないが、同様に楽譜などもまったくレッスンに出てこない。口で言えると必ず叩けるのだと、そう確信する。

基本的なヤンブーのトゥンバのパターンが1時間かけて叩けるようになったら、そこに先生はクラベスを重ねる。違ったり狂ったりしたら止めて、またやる。その繰り返しだ。その時に先生が手本としてトゥンバのリズムを声で表現するのは「ばん・わかわかわ」だし、コンガなら「てぃん・ぱ・てぃん・てぃん・てぃん・ぱてぃこ・かう・かう」という調子だ。

なるほど言語的なのである。だんじりの場合も「この場合はじゃき・ちん・じゃき・ちん」や「ちき・じゃん・ちき・じゃんと違う」などと、16ビート系の裏・表のパターンの叩き分けをそう口で言って教え込むのだ。

ラサロ氏も同様で、例えばソンのパターンを「ちか・たか・ちか・ぴん」などと実際に言って教えるのだ。

もうひとつ。キューバのパーカッションは、ルンバにしても本来3つのコンガをそれぞれ一人ずつ著しく違うパターンで打奏し、そのポリリズムで「腰が動く」。けれども、そのトゥンバ、コンガ、キントを3つ並べてそれぞれのパターンの特徴を上手く取り入れて一人が叩く。合理主義の国のアメリカが生んだドラム・セットの場合、それまで別々の打楽器をそれぞれが叩いていたのを一人ですべてを演奏することになる。

バンドをやっているとわかることだが、音楽の面白いところのひとつが、たくさんの楽器を違うプレイヤーがそれぞれのリズム、旋律で演奏してひとつの曲になることだ。ラテン・パーカッションの場合はもっと極端で、クラベス、マラカス、ギロ、カウベル、カバサ、シェケレといった小物もコンガもボンゴもティンバレスもそれぞれのプレイヤーが違うリズムで単純な音を刻む。そのシンコペーションやポリリズムにより「腰が動く」のだ。

大編成のサルサやソンのバンドを聞いていて感じるのは、それぞれ手や腕の上半身は当然違う楽器で違うリズムで叩いているからさまざまな動きをしているのに、腰から下の下半身は同じステップを踏んだり腰を動かしたりシンクロしている。ラ米ダンス音楽のグルーヴ感はまさにこれで、ジャズのビッグ・バンドのスウィング感と似ていて違うのはそのところだ。またその後モダン・ジャズになると、一人の天才ドラマーが複数のパーカッションを演奏するようになる。一人のドラマーが両手両足の動きをてんでバラバラにして演奏するさまは、それはそれですごい見応えがあるが、テクニックを人に見せるためのショー的要素も多分に出てくる。

キューバのミュージシャンは社会主義ゆえ、レコードやCDといった録音音楽やツアーによるコンサートが個人収入として確立していない。政府が統轄しているCDショップは、ハバナやサンティアゴといった大都市でもほんの数軒で、100枚ぐらいしか並べていない。主要活動の場は街で、ライヴハウスあるいはレストランやカフェで演奏して投げ銭をもらったりするものの、まだまだ音楽が巨大ビジネス化していない。だからこそ未だ1人ひとりがバラバラな楽器を持ち寄っておのおのが演奏しているのだ。祭礼の鳴物もしかり。そして古いいい曲をいつまでも大切にしたり、それを上手く現代風にアレンジして楽しませている。

対して資本主義の音楽産業は記録コンテンツの販売および印税収入であり、コンサートの場合は興行によるギャラだ。だからドラマー 1人でパーカッション数人分の演奏をすればギャラ総取りだし、ツアーの際の経費も1人分で済む。オルケスタ・デ・ラ・ルスがラ米諸国ツアーで称賛されたのは、その完成度はともかく、キミらはこんなにたくさんのメンバーで

5

やって来て演奏するのか、という経済合理主義でないところの精神性もある。

ハバナやサンティアゴの街場の店は、レストランにしろカフェにしろバーにしろ、音楽を演っていないところはない。ユネスコ世界遺産の街並みの旧い建物の空間は、あらかじめコンガやマラカスやギロ、ギターやトレスのために音響設計をしたように（実際はまったく逆だが）いい音がする。まさに「どこでも演れるいつでも踊れる」からこそ、いやというほどその大音量を耳にし、ダンス・シーンを目にする。

ライヴを演ってるミュージシャンはものすごくうまい。ヘタウマはいなくてウマウマである。下手だが上手い演奏なんてない。つまりスタジオでレコーディングする消費産業音楽は、リズム・セクションとベース・ラインをまず録音し、そのプレイバックを聴きながら管弦が旋律を演奏し、あるいは歌手が歌い録音していく。それをミックス・ダウンして商品にしていくのだが、別個にレコーディングを重ねることで、大物プレイヤーのスケジュール管理や、演奏の際のミスなどで必要になる再録をトラックごと個別に行える徹底した商業合理主義だ。

キューバのミュージシャン達はそうではない。大人数でいつも一発ライヴである。だから圧倒的に迫力があり、ダンサブルであり、リアルである。キューバの演奏家たちのすごいプレーは、幼少のころからの英才教育を勝ち抜いてきたうえに、同じバンドのメンバーとして毎日顔を合わし、同じ曲を納得いくまで演奏することによって成り立っているからこそのものだ。それが共産主義を掲げて成し遂げたキューバ革命による社会システムのたまものだとしたら、数少なくなった社会主義国おいての奇跡の宝ではないだろうか。

カフェに数日通って顔を知る仲になって、客が少ないステージの合間とか、コンガを指さし、ちょっと叩いていいか？と聞くと、「おお、このチーノ（アジア人のこと）叩けるのか」であり、どうにかマルチャを刻むと「いいぞ」、「いける」などとはやし立てられ、ベースもピアノも合わせてくれて、それに客も応じてくれる。親切だとか大らかとはちょっと違う。音楽こそ実生活、実人生なのだ。

ご機嫌極まりない街場（メシはまずいが）のお話は、またいつか、どこかの機会で。

1

2

3-A

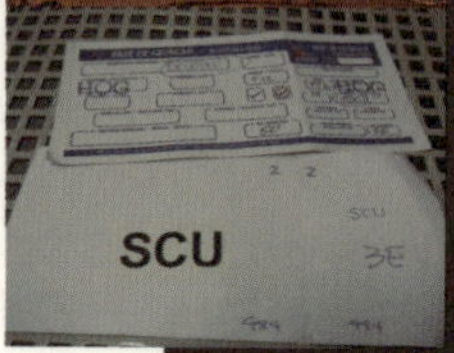

3-B

4

江 弘毅 MY MOVIN’ DIARY Hiroki Koh

1 / キューバに入るには、国交のない米国からは飛んでいないので、カナダもしくはメキシコ経由、あるいはヨーロッパからになる。〈エア・カナダ〉のトロントーーハバナは約3時間半。

2 / ハバナ旧市街ユネスコは世界遺産に指定されている。これは「プジョー 404」だろう。キューバといえば50年代アメ車の天国だが、まれに旧い仏車を見かけることがあり、こちらの方が街並みに合うような気がする。それにしてもゴミひとつない。

3 / ハバナのホセ・マルティ空港から国内線でサンティアゴ・デ・クーバへ。クバーナ航空は旧ソ連製「アントーノフ」。チケットはHOG行き972便をdeletedして、裏に984便と座席3Eを手で書きSCUとシールを貼ったものだった。が、当然何も問題はない。

4 / タクシーの移動の際に見える風景は、消費文化が何も露出しない旧い社会主義のそれであったがまるで違和感がない。というより、コンビニとファスト・フードのチェーン店の街よりこちらの方がカッコいい。

江 弘毅 / こう ひろき

関西の街雑誌『Meets Regional』の名物編集長を長年務め、「街場」、「街的」という造語を提示。現在は、編集集団〈140B〉を主宰。編集者としてのみならず、書き手として、著書『岸和田だんじり祭　だんじり若頭日記』、『岸和田だんじり讀本』、『「街的」ということ〜お好み焼き屋は街の学校だ〜』、『街場の大阪論』、『「うまいもん屋」からの大阪論』、『飲み食い世界一の大阪 そして神戸。なのにあなたは京都へゆくの』、『ミーツへの道「街的雑誌」の時代』を刊行。最新刊は昨年刊行された『有次と庖丁』。

[blog] http://140b.jp/blog3/2014/10/p1334/

[twitter] https://twitter.com/kohirok

5-A

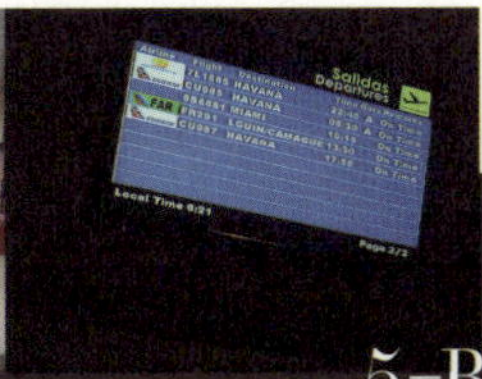

5-B

7

8-A

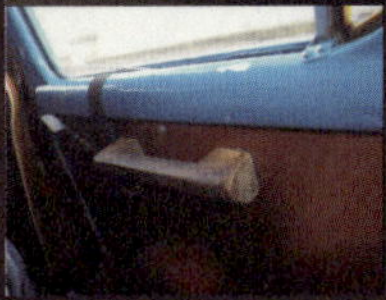

6

8-B

5 / サンティアゴ・デ・クーバのアントニオ・マセロ空港。搭乗口前のカウンター・カフェ。土産物売店など何もない。コーヒー、ビール、そしてチーズのホット・サンドくらい。飛んでいるはずのないマイアミ行きの便が表示されていたがキャリア会社名はない。

6 / ハバナ・バス・ツアーは数コースある。わたしは旧市街から新市街へ、パーカッションのレッスンの行き帰りにこれを使った。なぜなら1日乗り放題5CUC（約600円）でタクシーの片道の半額だから。外国人向けの物価は高い。

7 / クルマは革命時にアメリカ人が放って行った米車だからくたびれている。至る所で修理している風景に出くわす。ヘッドライトのチェ・ゲバラに注目。

8 / 50年代後半製「スチュード・ベーカー」のタクシーに乗る。設計したレイモンド・ローウィーはパリから米国へ移り、「コカコーラ」のボトルから日本の煙草・ピースのパッケージまでを手がけた。パーツがないのでドアのグリップは運転手が手づくりした木製のもの。

移動主義の達人の旅スタイル、
ラゲッジの中身を拝見します!

MY MOVIN' STYLE 永瀬沙世

Sayo Nagase

旅をするのが当たり前になっちゃっているけど、ずっと東京にいると、思考がどんどん絡まって、頭がクリアにならなくなってくるの。日常がぐるぐる回って。1回、バシャッと生活を切り替えたい。荒療治みたいな感じですかね。飛行機乗って、携帯全部切って、1回真っ白の紙を入れるみたいな。そういうことをしないと、やっぱりこの仕事はアウトプットが増えるから、もう空っぽになっちゃう。移動型の人、家を持たなくても平気な人っているじゃないですか。私はそうじゃなくて、帰ってくる家が確実にあるっていうのが、大事なタイプなんですよね。だから、日本の家を引き払って海外に住むっていうのは、あんまり考えたことはないかな。

移動中は、何しているんだろう? 音楽を聴くと日本に戻っちゃうから、音楽も聴かないようにしていて。だから、とにかく映像を撮ったり、写真撮ったりしている。あとは本を読んでいるかな。村上春樹さんは目的地に着いてすぐに自分で地図を作るって聞いて、すごくいいことだなと思って。私は、朝早起きして、ホテルの周りをぐるっと回って、フレッシュジュース・バーと、おいしいパン屋とコーヒー屋を探す。そこから始まる。あと、WiFiがつながるカフェを確保する。これはもう、巣作りですよね。だから私、たぶん女子の旅行じゃないんだと思う。東京で今やっているライフスタイルをそのまま持って行っているだけだから、ただ移動しているだけなんですよね。

〈SEA TO SUMMIT〉のリュック・サック

これが一番ヘヴィー・ローテーションで、98グラムのリュック・サックなんです。大きいリュックを持っていくと大変だけど、丸めると小さくなってキーホルダーになるっていう、優れモノですね。現地に行ったらこれを出して、行動するんです。

コンパクト・セラミック・ヒーター「リトルボコボコ」

これは、ホテルで湯沸かし器がない時に使います。〈T-fal〉とか、湯沸かし器の中身の芯だけのものなんです。海外って、特にニューヨークなんかは、意外とホテルにないんですよね。商品のネーミング通り、コップに入れてボコボコさせると、すぐにお湯が沸くんですよ。

バッチ・フラワー・レメディ

海外行くと、ドキドキして寝られなくなったりするじゃないですか。これを舌、べろの下に入れると、アンチ・ストレス、リラックスします。で、これはリカバリー・レメディだから、ちょっと体が良くない時にリカバリーしてくれるの。フランスとイギリスで買って、1つは日本で買ったのかな。全部、花からできているんですよ。ま、気休めかもしんないけど(笑)。

〈Pack Towl〉の「Personal」と伸縮性のある服

〈Pack Towl〉タオル。これはすごくて、何リットルもの水分を吸うんですよ。で、すぐに乾く、数秒で乾く。でも、結局あんまり使っていないの、ホテルにタオルあるからね。あとこれ、一見、犬の服みたいじゃないですか。かわいくない？　こんなに小さいのにビヨーンと伸びて、人が着れる服になるの。……その旅の不安と荷物が比例していますね（笑）。

〈パタゴニア〉のパンツ

これは88グラムくらいのパンツで、ニューヨークのロケですごく活躍しました。女性って普通にアウトドア・ウェアを着ると、そのままかわいいお店入れないじゃないですか。だから、いつもの格好をして、寒い時にこれを上から履くんです。すぐに脱げるように。で、これはすごいの。畳むとポケットに入って、ポーチになるんですよ。小さく収納して、カラビナで腰に付けておいています。

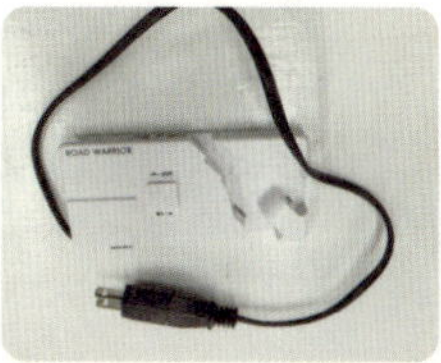

〈ROAD WARRIOR〉の海外電源プラグ・変圧器

普通のギア。これはスマホ用でコンセントを差して。私、変圧器をたくさん持っていくことがすごく意味がないということに気が付いて。これだと、1個だけ変圧すると、あとは全部日本のプラグになるんですよ。すごい役立つ。

〈ペリカン〉1300ケース

カメラ・バッグっていまいちおじさんっぽいので、ここにカメラを入れて、かわいいトート・バッグに放り込むんです。で、空港なんかではもう預けるの。そうすると、投げられても大丈夫。水に入っても大丈夫だし、空気が抜けるんですよ、気圧の変化によって。

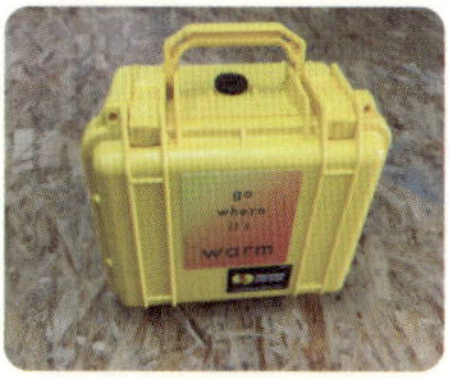

シルク100%のアイ・マスクとスカーフ

シルク100%っていうのがポイントで、飛行機の中で使うアイ・マスク。スカーフはパリで買ったやつなんですけど、これもシルクとカシミアので、フランスの書店が出している、アーティストのスカーフなんです。Vik Munizがすごく好きなんですけど、その人の作品がスカーフになってる。これがもう、確実に機内必須です。

永瀬沙世 / ながせさよ

78年、兵庫県伊丹市生まれ。作品展、写真集の発表を日本、ヨーロッパで精力的に行い、5冊目の写真集『PINK LEMONADE』は、ストックホルムの〈LIBRARYMAN〉から出版、14年には新作写真集『FOLLOW UP 追跡 -J002E3-』が出版され、作品展も開催された。
[web] www.nagasesayo.com

移動主義の達人の旅スタイル、
ラゲッジの中身を拝見します！

MY MOVIN' STYLE 稲田里樹

Satoki Inada

元々はアウトドアとか山登りとか、ぜんぜん興味なかったんですよ。学生の時は何もしなかったなぁ。前職はグラフィック・デザイナーですし、どちらかというとインドアでしたね。でも、本格的に山登りを始めたのはデザイナーの時期だったんです。あ！思い出した！　中目黒の〈大樽〉で友達と飲んでいる時に写真を見せてもらったんですよ、「屋久島に行ったんだ」って。それを紙焼きで見た時に「すげえ」と思って、低山に連れて行ってもらってから登山にはまっていって、あちこちに行くようになったんです。

〈OUTDOOR TECH〉のスピーカー

今は出張で海外に行くことが多いんですけど、夜にホテルに帰ってから日報とか報告書を書く時に、僕は音楽が必要だったんですよ。最近は、〈OUTDOOR TECH〉のスピーカー「Turtle shell 2.0」を旅行に持っていくようにしています。ものを書く時って、静かな曲をかけると書きやすそうじゃないですか？　それが僕は違くて、恥ずかしいんですけど……なぜかハード・コアなんですよ。テンションが上がるのか、さくさく文章が書けます。

カラビナとスリング

ホテルに着いてからは、洗濯をします。なんか嫌なんです、荷物が大きいのが。最低限しか持っていかないので、Tシャツとかを洗う時にもスリングはあると便利です。僕、クライミングやっていて、そもそもはその道具なんですけど、ホテルで洗濯を干す場所ってあまりないのでポールに引っ掛けたりします。とにかく、いろんなところにアタッチできるし、洗濯以外にも、両手がお土産とか袋でいっぱいになるのが嫌なので、バックとかにカラビナを使って引っ掛けたりします。

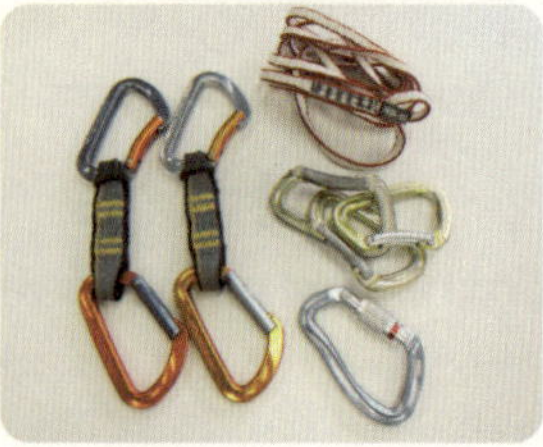

「ミラグレーン」

けっこう、お酒を旅先で飲んじゃうんですよね。出張の時も、普段使い慣れてない英語とかで緊張しているので、解き放たれた瞬間に飲んじゃったりして。でも、次の日も仕事の場合は厳しいので、そういう時にこの「ミラグレーン」が大活躍。友達に教えてもらったんですけど、これ、すごいんですよ。お酒を飲む時の薬で、すんごく効くんです。ウコンとか「ヘパリーゼ」なんかより全然！　飲むと二日酔いがほんとないですよ。名前もパッケージも面白いし、効能のところに「薬物中毒緩和」ってあるくらい（笑）、肝臓が気になる方におススメです。

〈Nikon〉のフィルム・カメラ

フィルムのカメラも必ず持っていきます。フィルムは10本くらいかな。もともと前職のデザイナーになる前はカメラマンになりたくて、これは随分前に買ったものですね。まぁ、デジタル・カメラを味わうと作業は半減以下になりますし、その場で撮ったものを確認できるのも効率はいいんですけど。やっぱり現像に出して上がりを見た時の、通知表をもらうような感覚が楽しいんです（笑）。旅先で撮った紙焼きを何枚かスキャンして、携帯に入れているんですが、今見たらグラフィックっぽい写真をよく撮っていますね。海外へ行くと、看板のサインとかが気になるんですよ。特に僕はグラフィックをやっていたので、「配置やデザインが面白いな」と思ったりすることが多いですね。

折りたたみナイフ

これはスイスのメーカー〈ウェンガー〉のものですね。登山の目的じゃなく、小学校6年生の時に買ったものなんですけど、「トラベラー」っていうモデルなのかな。昔、80年代後半から90年代のアメリカのドラマで『冒険野郎マクガイバー』というのがあって、主演のリチャード・ディーン・アンダーソンがめちゃめちゃ好きだったんです。特殊部隊出身で戦いに巻き込まれるんですけど、腕っ節も強いのに基本的には嫌うんですよ、戦いを。だから装備もしていないのに、だいたい現地のものでなんとかしちゃうんですけど、必ず1個持っていくのがこの折りたたみナイフで。極限の地で少ない持ち物でも、ピンチを切り抜けていく様に憧れましたね。「ゲームボーイ」が出た時のCMも好きだったし、『ラピュタ』のパズーのバックも、りんごと飴だまとパンを入れて、真似していたんですよ。振り返ると、ミニマムな中で冒険をするのが、実は僕のルーツなのかな？という感じがします。

〈イソップ〉のクリーム

顔以外全般に使えるクリームです。クライミングをしていると滑らないようにチョークを付けるんですけど、汗を吸い取ってくれるのと一緒にけっこう水分を持っていくんですよね。で、ささくれがすごいできて手荒れが酷くて、ハンドクリームを探していたんですよ。この〈イソップ〉は、使った時にすごく自分と合ったんです。『暮しの手帖』の松浦弥太郎前編集長が「仕事をする前に必ず〈イソップ〉のハンドクリームを使う」と言っていて。それで試してみたら、もちろん保湿性も高いんですけど、香りがすごくいいんですね。海外へ行くと、匂いがきつかったりするじゃないですか？　だから普段の感覚を取り戻せるのもあるし、常に自分の好きな香りにして、女子っぽい感覚で使っています（笑）。

稲田里樹 / いなださとき

78年生まれ。グラフィック・デザイナーを経て現職〈エスビーエイ〉にて〈karimmor〉、〈EcoSouLife〉、〈OUTDOORTECH〉、のPRに携わる。クライミングで印象深い山はカナダにあるthe Chief。

[web] www.sba-inc.co.jp

FROM “NAPOLEON FISH”
TO “BLOOD MOON”.
1989 *TO* 2015

MOTOHARU SANO, LONDON RE-VISITED

『ナポレオンフィッシュと泳ぐ日』から
『BLOOD MOON』へ。
1989年と2015年。
佐野元春と往くロンドン

MOTOHARU SANO

佐野元春

文&撮影　山崎二郎

OFFICIAL CAMERA 〈Sony〉「DSC-RX100M3」

INTRODUCTION

2014年12月。クリスマスも過ぎ街は年末ムードの中、『Movilist』創刊号の入稿作業をおこなっている中、色校正の束を持って、佐野元春さんのオフィスにスクーターを走らせた。ポストに投函した後、ちょうどランチに行くクルマと、僕のスクーターがすれ違ったみたいで、電話が。路肩に止めたクルマの助手席に座り、佐野さんに色校正を渡す。パラパラとめくり、「OK!」と一言。その後口から出た言葉に、入稿疲れも一気に吹き飛んだ。

「2月にニュー・アルバムのアートワークの打ち合わせでロンドンに行くんだけど、一緒に来ないかい？」

即答したのは言うまでもない。再び、路上へ。

PART 1
MY MOVIN'
in ロンドン

2月14日

無事に『Movilist』創刊号がリリースされてから半月後の2月14日、僕はロンドンへ向かった。羽田空港からのフライトはなんて楽なんだろう。移動時間がなにより貴重なMovilistとして、あっという間に着いた気分。違う航空会社の便でちょい先に到着した佐野さんと〈ヒースロー空港〉のカフェで落ち合った。機内で寝ていなかったとのことだが、様子は快活そのもの。

市内に移動し、佐野さんが1988年から常宿している〈コロネイド・ホテル〉にチェック・イン。前回のニューヨークでは、チャイナ・タウンの外れというアクセスの悪い、佐野さんとは違うホテルに泊まっていて、クイックなアクセスができなかった反省から、今回は奇跡的に同じホテルがブッキングできてよかった。静かな住宅街にあるこじんまりとしたホテル。とても居心地がいい。名物主であるという猫ちゃんがお出迎えしてくれた。さっそく、ディナーということで、ホテルの裏側にある路地に向かう佐野さん。住宅地だと思っていたら、この路地にだけレストラン、パブ、カフェが並んでいるではないか。いくつかチェックした後、入ったのは超混んでるイタリアンの〈THE RED PEPPER〉。やけにカップルばかりだと思ったら、今日はヴァレンタイン・デーじゃないですか！　水牛モッツァレラのフライが美味しい。「プロセッコ」のカヴァが長いフライトの後、気分良い。

「歩こうか？」。レストランを出た佐野さんは、通りに歩を進める。誰もいない住宅地。ちょい寒いものの、お腹はあったまってるので心地よい。しばらく歩くと、運河に出くわした。看板には「リトル・ヴェニス」と記してある。いいロケーション。そのままさらに歩く。まさに「月夜を往く」だ。1時間くらい歩いて僕らはホテルに戻った。興奮冷めやらない僕は、独りでパブに入った。盛り上がってる！　どれも美味い。イギリスに来た実感を味わってる。

2月15日

起きて外を見たら曇り。これがロンドンって奴か？　ホテルのサン・ルーフになってる気持ちいいレストランで朝食。カムデンヤードに向かうことに。土曜のまだ午前だというのに、若者が通りにたくさん。通りを流し、アンティークの看板屋に古着屋などを回遊。カフェでブレイクした後、ショーディッチへ移動。ギャラリーが並ぶ通りにあるアメリカン・ダイナーでランチ。超混んでる。そのまま歩いていくと、オーガニック・レストランとか雑貨屋とか感じのいい通りに。〈MENS‘SHOP〉と、また、直球ネーミングのブティックに入ったら、これまたナイス・センス。ドット柄のシャツに魅せられる佐野さん。さらに歩くと、今度はアンティーク・ギター・ショップ。これは入らずにはいられない。「こんなのあるんだね」と驚く佐野さん。が、「ここは我慢だね」と店を後にして、インド人街のブリック・ストリートへ。週末のマーケットはすごい賑わい。あらゆる人種が店を出している、万国博覧会状態。すごく上がります！　スパイスの匂いに誘われて、ビルに入ると、世界各国のフードが食べられるという、これはすごい！
全部食べたい！

さらに歩く。インディー・レーベル〈ラフ・トレード〉のレコード・ショップが。確か、去年のニューヨークでもブルックリンにあって入ったっけ。そこからセントラル・ロンドンへ移動。佐野さんがよく着ている〈STONE ISLAND〉ショップへ。鮮やかな色出しが素敵です。夜はホテルにほど近いあたりのタイ料理〈TAXIN' THAI〉。ちゃんとタイの方がやっていて、美味しかった。

2月16日

ホテルで朝食後、運河リトル・ヴェニスに沿って歩いていく佐野さん。けっこう距離がある。歩いていて楽しい。運河の終わり、大きな通りでタクシーを拾って、セントラル・ロンドンへ。初めての〈ハロッズ〉。一階、ハイ・エンドのファッション・ブティックの奥に行くと、食料品売り場が！　この配置にびっくり。だけどさすが〈ハロッズ〉。デパ地下でなく、宝石のように牡蠣や肉をディスプレイしている。巨大なセレクト・ショップのようで、それぞれの売り場を見て回るだけで楽しい。これは1日居れますわ。

「お茶しよう」ということで入った〈ゴディーヴァ・チョコレート・カフェ〉。当たり前だけど、チョコレート・ケーキのなんて美味しいことよ。あー至福。その後、各フロアを回遊後、食料品売り場にあるカウンター式の日本食レストランでランチ。そして、ベイザイズ・パークに移動。カフェ〈Chez bob〉で、新作『BLOOD MOON』のアートワークを、数々の名盤のアートワークを制作してきた〈ヒプノシス〉の流れを汲む〈Storm Studios〉のピーター・カーゾンさんに依頼。そのミーティングに赴いたのだ。「『BLOOD MOON』という言葉にどんなイメージを受けるか？」という佐野さんの質問に、「ポジティヴなイメージではない」というカーゾンさん。「そうだよね。ただ、このアルバムはネガティヴには受け止めて欲しくないんだ。ポジティヴィティがアートワークからも感じられるようにしたいんだ」と佐野さん。そこから2人のアイデアのキャッチ・ボールが始まる。80年代から、こうして佐野さんは、海外のクリエイター、ミュージシャンと直接、コミュニケーションをとってものを創ってきたのかと、その現場に居合わす幸運に恵まれたことで理解した。

ミーティング終了後、カフェの2階へ。そこが〈Storm Studios〉というわけ。これまで制作したアートワークが飾られている。しっかりとした握手をして、佐野さんとカーゾンさんは別れた。ホテルに戻り、ホテル裏の路地にあるモダンなイギリス・レストランでディナー。本当に進化してます。ランプ牛のステーキと赤ワイン。美味しい。

2月17日

ホテルで朝食後、自室でリラックスする佐野さん。本日はこの部屋で20数年ぶりに、『ナポレオンフィッシュと泳ぐ日』のプロデューサー、コリン・フェアリーさんと再会するのだ。最近、発見されたレコーディング・ドキュメンタリー映像を一緒に観ようという。去年のニューヨークでの『ヴィジターズ』のエンジニアだった、ジョン・ポトカーさんと30年ぶりに再会した時と同様、時の流れを全然感じさせない。一瞬にして当時に戻ったかのようにコミュニケーションを取っていることに驚かさせられる。フィルムで撮られたドキュメンタリー映像には、単なるアーティストとセッション・ミュージシャンという関係を超えて、時間が進むうちに強い絆で結ばれていっていることが如実に記録されている。大変貴重なフィルムだ。時折笑い合いながら観入る2人。僕は初めてアルバムを聴いた89年に一瞬にして戻ったかのような気分になった。

上映終了、すっかり陽が暮れ、ディナーに。ノッテンヒルにある気鋭なシェフが月ごとに料理テーマを変えていくという〈Dock Kitchen〉へ。今月は南インド料理がテーマ。カレー・スパイス使いのロブスターに舌鼓を打ちながら語り合う2人。『スカイプ』で簡単にコミュニケーションできる時代だからこそ、こうして、時間をかけて移動して会い、旧交を温める。フェイス・トゥ・フェイスでディスカッションして、その場でしか出ないアイディアを交歓してものを作っていく。まさにMovilistを30年も実践してきた佐野さんならではの移動だとつくづく感じた。

2月18日

「毎日ホテルのメニューでは」ということで、近所にあるガーデン・ハウスへ向かう佐野さん。まさにイングランド。綺麗です、庭も花々も。で、ガーデン内にあるオーガニック・カフェ〈THE QUINCE TREE〉で朝食を。インド・テイストの辛いソースのポーチド・エッグ、美味しい！　食後のコーヒーを飲みながらしばしチル・タイム。和むわ。ホテルに戻り、身支度してハンステッド地区へ移動。此処はなんとも上品で大人な通りなんでしょう。落ち着いてます。美味しそうなベーカリー屋があったので、さっそくテイク・アウト。通りを流した後、フレンチ・カフェでランチして、また通りへ。強烈な肉屋のディスプレイに魅入られる佐野さん。本屋さんに入った後、さらに歩く。いい感じの外席があるカフェに入り、ロング・インタヴュー。かれこれ2時間は経ったろうか？　気づけば陽が暮れて寒くなってきた。とりあえず〈スタバ〉があったので、暖をとる。

ホテルに戻り、独りでホテル裏のイタリアン〈THE RED PEPPER〉へ。カヴァを飲みながら、先ほどおこなったインタヴューを咀嚼する。前号に続いての深い話に、インタヴューしながら、何度も驚嘆したものだ。こんな姿勢で創作していたのか。80年代、『ナポレオンフィッシュと泳ぐ日』と、昨日、佐野さんの部屋で聴かせていただいた新作『BLOOD MOON』が繋がった。ここロンドンで制作された『ナポレオンフィッシュと泳ぐ日』は既に名盤の中の名盤だが、一回聴いただけだけど、『BLOOD MOON』の素晴らしさといったら！　デビュー35年にして、更なる名盤を創り上げることができる佐野さんに、改めて、リスペクトと同時に、未だに同じスタイルを踏襲しないという、ずっと聴いてきたので当たり前と思っていた姿勢が、実はあまりにも他にいない存在だと再確認した。

2月19日

濃厚だったロンドン・デイズも今日で終わり。佐野さんはお昼の便で、僕は夜の便。だけど、ホテルで朝食後、〈ヒースロー空港〉へ向かうタクシーに同乗することに。移動中の追加インタヴューを快諾していただいたからだ。流れゆく景色の中、話は尽きない。〈ヒースロー空港〉に着き、カフェでランチし、ここで佐野さんと別れた。『BLOOD MOON』の完成まで、あとしばし。1人で入ったパブでスタウトを飲みながら、「陽気にいこうぜ」がヘッドホンから流れている。

〈命は短い　恋をしよう〉。その通り！

PART 2
佐野元春
インタヴュー
inロンドン&東京

SESSION 1
2月18日@ハンステッド、ロンドン

近いうちにイギリスでもプロジェクトを立ち上げて音楽を作るだろうな、という予感は既にしていた

山崎 佐野さんが初めてロンドンでコラボレーションされたのが84年。「ニュー・エイジ」のMV制作ですね。

佐野 イギリスのアーティストとコラボレーションをした最初の仕事だ。映像アーティストのティム・ポープ。『ヴィジターズ』に収録した「ニュー・エイジ」のミュージック・クリップを彼に依頼した。『ヴィジターズ』は、ニューヨークでのレコーディングだったけれども、近いうちにイギリスでもプロジェクトを立ち上げて音楽を作るだろうな、という予感は既にしていた。

山崎 ニューヨークから帰られたのはその年の5月くらいだったんですよね。その後、間髪入れずにロンドンにいらしたんです。確か8月か、9月に……。

佐野 よく調べてくれたね。確かにそうだね。5月に帰国して、そしてすぐに「ニュー・エイジ」のミュージック・クリップを作ろうということでロンドンに来た。同時に「クリスマス・タイム・イン・ブルー」のレコーディングをやって。そのレコードを冬にリリースしたんじゃなかったかな?

山崎 その時もミックスとトラック・ダウンを、ニューヨークでおやりになられた。

佐野 あぁ、面白いね。「クリスマス・タイム・イン・ブルー」に関しては、レコーデッドは日本だけどもミックスはニューヨークでやったんだ。

山崎 84年に日本に帰られて、またすぐに各国に移動されたわけですね。

佐野 そう。84年は移動が激しかったね。ニューヨーク、ロンドン、東京を行ったり来たり。その後に僕は『THIS』という雑誌を立ち上げることになるんだけど、それ以降もっと煩雑にニューヨーク、ロンドン、パリを行き来することになった。その予兆が既に、84年に帰国してからの半年間の中にあったんだと思う。

山崎 イギリスに足を運んで、現地のUKサウンドで楽曲を作るというのは、早い段階から構想していたんですか?

佐野 そうだね。イギリスのレコーディング・エンジニアやミュージシャンと一緒に仕事をしたいっていう考えはかなり前からあったかな。

山崎 84年にニューヨークから帰られると、翌年にはすぐに動き始めます。

佐野 ニューヨークで『ヴィジターズ』というプロジェクトを仕上げたので、次は同じアメリカではなくヨーロッパのどこかだ、という思いがあった。それでイギリス、ロンドンへ。

山崎 その時も『ヴィジターズ』と同じように、現地のエンジニアを探した、ということですよね。

佐野 そう。時系列でもう一度振り返ってみると、「ニュー・エイジ」の時に、ティム・ポープという映像作家とのコラボレーションで最初にイギリスに来て、その後、アラン・ウインスタンレイとのコラボレーション『カフェ・ボヘミア』でもう一度こっちに来たっていうことになる。

山崎 順番が少し遡っちゃうんですけど、興味深いのは「クリスマス・タイム・イン・ブルー」もト

ラック・ダウンやミックスはニューヨークでやったものの、サウンド的にはUKのダブとかに近いものがあるんですよね。

佐野 そうなんだよね。その頃にはUKでサード・ワールドの音楽が都市部を中心にハプニングしてた。時代的に言うと〈2TONE〉レーベルのように、スカやレゲを新しい解釈でやろうという若い人達が出て来ていた。もう一方では、アメリカの70年代ソウル・ミュージックを再解釈して、新しいことやってみようという若い連中もいた。スタイル・カウンシルもそうだったんじゃないかな？　それからレゲエをモダンな形でロック・ビートと融合させたらどうなるか？という試みを、例えばポリスとかクラッシュとかがやっていた。そういう流れの中で、僕は「クリスマス・タイム・イン・ブルー」をレゲエのビートで仕上げたんだ。ジャマイカのエンジニア、スティーヴン・スタンレイにミックスを依頼した。だからもう既に『ヴィジターズ』プロジェクトが終わった後には、僕の心はイギリスに向かっていたんだよ。

ロンドンにアパートを借りるところから始めて、約半年間、この街の暮らしの中から曲を書き、レコーディングをしてまとめていったんだ

山崎 それは60’sのマージー・ビートでなかったってところが興味深いですね。

佐野 うん。とにかくニューヨークでの『ヴィジターズ』プロジェクトにしても、『カフェ・ボヘミア』や『ナポレオンフィッシュと泳ぐ日』プロジェクトにしても、その時その街で起こってることと自分を共振させて、そこから出てくるものを見てみようっていうやり方だった。

山崎 まさにフィールド・ワークですね。

佐野 そうだね。フィールド・ワークだ。『ヴィジターズ』というのは、今、振り返ってみると僕のキャリアの中でも初期の実験作なんだ。『ヴィジターズ』のファンの人には申し訳ないけど、個人的には完成度の高いアルバムだとは思ってないんだよね。ただ、僕の生の感情やクリエイティヴィティが剥き出しになってるから、ロック的なアルバムではある。それまで日本のポップやロックにはなかった言葉遣いや曲のテーマをぶち込んだから、そうした面での新鮮さはあったと思う。ただこのアルバムは自分の中では実験的な作品。そこから始まって、次は実験的というより、もう少しポピュラーな音楽として完成度を高めていきたい、そんな思いでアルバム『カフェ・ボヘミア』に向かっていった。

山崎 『カフェ・ボヘミア』の時は、『ナポレオンフィッシュと泳ぐ日』を作る際にそうしたように、ロンドンに暮らして作ろうという発想はなかったんですか？

佐野 その頃には、僕はとにかくイギリスのミュージシャンとプロジェクトを立ち上げたいと思ってたから、まずはウォーミング・アップとして『カフェ・ボヘミア』のミックスから始めた。その間、イギリスのレコーディング・エンジニアやプロデューサーと会って話をして、プロジェクトを立ち上げる可能性を探っていった。

山崎 一般的な認識としては、ニューヨークでの1年間の生活の中で作られた『ヴィジターズ』に対して、『ナポレオンフィッシュと泳ぐ日』の場合はレコーディング期間だけイギリスに行ったんじゃないか？っていうイメージになってるんじゃないかと。

佐野 それは違う。『ヴィジターズ』と同じように、まずはロンドンにアパートを借りるところから始めて、約半年間、この街の暮らしの中から曲を書き、レコーディングをしてまとめていったんだ。

山崎 ということは、ソングライティングも全部ロ

ンドンでですか？

佐野『ナポレオンフィッシュと泳ぐ日』の中の3曲ぐらいは日本でザ・ハートランドと一緒に試作品を作ったんだけれども、その他の曲についてはほぼロンドン。僕の借りていたアパートで鉛筆を走らせながら詞を書いてたのをはっきり覚えてる。

僕も若かったから、開拓精神を持って新しいことにチャレンジしていったという感じ

山崎 じゃあ、急に思い立ってロンドンに行ったというわけではなくて、何年も前から準備してリサーチしたりした上での渡英、なんですね。

佐野 もちろん。その準備は周到にした。最初にプロデューサーやエンジニアを決めるところから始めた。コリン・フェアリーという、ニック・ロウやエルヴィス・コステロといったアーティスト達をプロデュースしていたスコットランド人のプロデューサー・エンジニアだ。コステロの『ブラッド&チョコレート』を聴いてたし、ああいう生のバンド・サウンドが僕は好きだったから、一緒にやりたいと思ってた。それで友達の紹介もあって、コリンと一緒に仕事をしようということで連絡を取って、彼に日本に来てもらい、どんなアルバムを作るのか？ということをレーベルのA&Rと話し合った。ただ、僕が所属していた〈エピック〉レーベルでは、まだ海外のプロデューサーを立ててアルバムを作るという経験がなかった。だから、僕がお膳立てをして、プロデューサーとレーベルの橋渡しをしなくちゃいけなかった。予算と内容を話し合い、スケジュールを決めて、その上でロンドン・レコーディングの運びとなったんだ。

山崎 これも興味深いんですけど、87年8月の〈横浜スタジアム〉前後にアメリカにも行ってるんです。その時はLAで、そこでもプロデューサーを探されてました。

佐野 そうだったね。当時はとにかく探してたんだ。アメリカに行ったことももちろん覚えている。吉成伸幸さんという〈アイランド〉レーベルの担当者と一緒だった。彼はアメリカでもUKでもプロデューサーやエンジニアのパイプを持ってたんだ。それで、彼について行って、一緒に仕事ができる人をリサーチしてたんだよ。

山崎 日本のポップ・ミュージックの海外レコーディングというのは、通常事前に向こうのスタッフと連絡を取り合いますよね。それが佐野さんの場合、身1つで海外にポンと行って、直接あっちの人と会って話をするというのを何回も繰り返します。しかも短期間で。そういう準備の仕方をされていたっていうことですね？

佐野 全部自分でやっていた。日本では、海外レコーディングはまだそんなに頻繁にあることじゃなかったからね。レコード会社もそのノウハウを知らなかったから、アーティストである僕が全部やろうという話になって。日本で相談する人は誰もいなかったし、僕がやろうとしていることは誰にも分からなかった。だから、自分のヴィジョンに沿って海外に行くしかなかったんだよね。とにかく作ったものを聴いてもらって評価してもらおうという。自分で言うのもなんだけれども、「開拓」だよね。僕も若かったから、開拓精神を持って新しいことにチャレンジしていったという感じ。でもそれはとても愉快な気分だったよ。

山崎 前例がなかったんですね。

佐野 そうだね。当時の僕を含む新しい世代は、いずれそういうことをしなくちゃいけなかったんだ。なぜなら、僕自身、国内で聴いていてた音楽には満足していなかったし、自分の心を震わせるような新しい音楽は自分で作るしかないん

だ、と思っていた。それは映像についてもそうだった。当時日本の音楽シーンではまだミュージック・クリップという考えがなかった。だけど、僕は既に82年に「スターダスト・キッズ」のプロモーションで、自分で絵コンテを描いたTVコマーシャルを作っている。映像と音のコンビネーション、それは表現として可能性があったからね。そしてその先に進もうということで、海外の映像作家とコラボレーションした。83年には米国で『MTV』が始まっていたし、ほぼ同じ時期に、UKでも音楽のプロモーションはラジオではなく、これからはテレビだというような風潮になっていたから、僕はますます音楽映像の制作にのめり込んでいったんだ。

世界の動きと同調するような創作活動にも向かっていた

山崎 海外のサウンドに対して日本よりもかなり上だという認識自体はあって、そこからいろんなものを引用したりとか真似したりとかっていうのはありましたけど、佐野さんの場合、「じゃあ同じところで一緒に作っちゃえ」っていう発想になられた。

佐野 70年代までの日本のポップ・ロック音楽は、ほぼ国内を軸にして作られていた。でも80年代の新しい世代は、国内の軸を持ちつつ、同時にインターナショナルな軸、いわば、世界の動きと同調するような創作活動にも向かっていた。グローバルとローカルを意識しながら創作を進めていく。平たく言ってしまうと、自分の作ったポップ・ロック作品はいつ欧米の人達にプレゼンテーションしても楽しんでもらえる、そういう音楽を目指していたんだ。

山崎 それは当時の日本の方々には音楽シーンではかなり理解され難かったんじゃないかと思います。だからどうしても、海外に行って、日本に持ち帰ってきたんだっていう、一方通行な認識になってしまったんですね。

佐野 当時、日本のロックはいつも海外のロックとの比較の中で評価されていた。ほとんどの人達が国内軸の視点しか持ってないから、そういう発想になってしまうのはいたしかたなかった。

山崎 実際、『ヴィジターズ』で録音した時も、12インチ・シングルという形で海外でリリースされたわけですよね。

佐野 そう。北米、カナダ、オーストラリア、ヨーロッパのいくつかの国でリリースされた。当時はまだレアなケースだったと思う。

山崎 当時の日本の音楽シーンでは、佐野さんがそうやって海外のプロデューサーや映像作家とコラボレーションしたという形が、いまいちピンときてなかったんでしょうね。

佐野 そうかもしれない。そのことの意味は時間が経つにつれて、徐々に理解されていったんだ。現在、その頃の記録フィルムが残っているんだよ。例えば、『ヴィジターズ』に関してはマルチ・テープが残っていて、去年の秋にドキュメンタリーとして放送された(『名盤ドキュメント　佐野元春“ヴィジターズ”～ NYからの衝撃作　30年目の告白～』〈NHK BSプレミアム〉)。そこでは、オリジナル・レコーディング・エンジニアだったジョン・ポトカーが当時の証言をしてくれた。「MOTOは1人でニューヨークに来て、すべてを自分でオーガナイズしながら新しい音楽を作っていた」って。

『ナポレオンフィッシュと泳ぐ日』も、レコーディングの様子をフィルムで撮っていたんだけど、これもつい最近、見つかってね。レコーディングの様子がドキュメントとして残っている。当時そのようなやり方をしている日本人のアーティストはあまりいなかった。本来だったらレコード会社がやるべき仕事だ。でも、国内のレコード会社はそのノウハウを持っていなかった。僕のような新しい世代の新しい意識を持ったアーティストが率先して切り開いていったんだ。僕だけじゃない。僕の友人の何人かはその頃、同じようにニューヨークやロンドンに行って先鋭的な音楽をやっていた。商業的に成功するしないに関わらず、アーティストとしてそういう活動を始めてた人達はもう現れてたんだ。

どの国の人が聴いても楽しんでもらえるような音楽を作るっていうことだった

山崎 重要なのは、佐野さんがニューヨークに行って突然変異を遂げて1年間で帰って来たっていうことじゃなくて、ニューヨークを皮切りにスタートして、それからロンドンへ、という具合に次々と海外クリエイターとのコラボレーションを始めたっていったことですね。

佐野 うん。そこから始めた。だから、僕が作る音楽は、例え日本語であっても、サウンドの様式やそこにある態度はユニバーサルにしようとした。「日本の」何とか、ではなく、どの国の人が聴いても楽しんでもらえるような音楽を作るっていうことだった。

山崎 具体的にはどんなことがありましたか。

佐野『ヴィジターズ』の時の「コンプリケーション・シェイクダウン」という曲。12インチ・ダンス・ミックスをDJのジェリー・ビーンが気にいって自分のディスコでかけてくれた。そこに来ていたダンス・ラヴァー達が楽しく踊ってたのを覚えてるよ。日本語のラップに合わせてみんなが楽しそうにダンスしているのをフロアの2階から見て、可能性を感じた。

山崎 っていうことは、それ以降の作品というのは常に、これは海外でリリースしてもいいよという気持ちで作ってきた、と?

佐野 そうだね。『バック・トゥ・ザ・ストリート』から初期の3作は、過去の既に公認されたポップ音楽の様式を使って、そこに新しい日本語を練り込んでいくという音楽だった。だから、僕の中ではまだオリジナリティが確立してないと思っていた。借り物みたいな状態って言えばいいかな?　その殻を打ち破った最初の作品が『ヴィジターズ』で、次の作品が『カフェ・ボヘミア』、そして3番目の作品が『ナポレオンフィッシュと泳ぐ日』。この3枚は海外でのリリースを意識した。

山崎 そうですね。じゃあ、佐野元春オリジナル・ミュージック、オリジナル・スタイルというのは『ヴィジターズ』から始まったっていうことになるんですか?

佐野 そういうことだ。言語傾向の強い『ヴィジターズ』。そして当時UKソウル・ミュージックのリヴァイヴァルに影響を受けた『カフェ・ボヘミア』。パブ・ロックのミュージシャンとセッションした『ナポレオンフィッシュと泳ぐ日』。どのアルバムもインターナショナルなマナーで作ったアルバム。同時に自分の個性が発揮できたアルバムだと思う。

10代には、そこまでは理解できなかったと思う。でも、彼らの深層心理には残ったと思う

山崎 僕もそうですけど、そういったものがある種、エデュケーショナルだったというか。

佐野 といっても、こむずかしくはなりたくなかった。

山崎 動機は何だったんでしょうか?

佐野 フラストレーション!　僕の中に常にあったのはフラストレーションなんだ!　「何で国内

の音楽はこんなに保守的なんだよ」っていうフラストレーション。それが動機だった。「とりあえず僕が扉を開くから、後に続く誰かはそこから入っておいでよ」というような意識。実際、扉は開いたと僕は思うよ。僕の『カフェ・ボヘミア』以降、ミュート・ビートやフィッシュマンズ、東京スカパラダイスオーケストラといった素晴らしいバンドが出てきた。日本語によるロックやポップ・ミュージックの表現のヴァリエーションが豊かになっていった。まぁ、みんな同じこと考えていたんだろうし、たまたま僕はみんなより年上だったから、先頭切って扉を開いたってことだけかもしれないけどね。

山崎 いや、野茂英雄投手が大変だったのと同じように、一番最初っていうのは大変だったんじゃないかと。

佐野 確かに僕のやり方を見て気付いた後続のアーティストは多いと思う。それはグラフィック・アートにしてもそう。それまでの日本のアルバム・ジャケットはアートを意識したものは少なかった。だから僕が当時主宰していた自分のレーベル〈M' s Factory〉ではグラフィック・デザインに力を入れていた。そうしてできたのがアルバム『カフェ・ボヘミア』だ。

山崎 映像もそうですし、ステージも実に作り込んでいました。

佐野 そう、コンサートの舞台美術も大事だった。当時、『ナポレオンフィッシュ・ツアー』で試したのは本格的なマルチ・メディア・ロック・ショーだった。ニール・ヤングの舞台美術をやっていたジェームズ・マジオに会って仕事を依頼した。リチャード・ミズラックの、原爆で荒廃した砂漠の写真をマルチ・スクリーンに映して、音と映像をコンピュータで制御した。とてもコンセプチュアルでアーティーな実験的なライヴだったんだ。ただ当時の聴き手だった10代には、そこまでは理解できなかったと思う。でも、彼らの深層心理には残ったと思う。自分としては日本のそれまでの保守的なステージ・アートにどうにか風穴を開けたい気持ちでいっぱいだったんだ。

対象への愛情に溢れた1人の若者が行動を起こせば、それに共鳴する人達が自然と出てくるんだと思う

山崎 あえて、すべてを完璧に理解させないっていうか。分からないところは自分なりの想像力で考えろってことですね。

佐野 ロック音楽はエンターテインメントであるのと同時に、表現でもある。それをメインストリームで実践するところに意義があると思う。アンダーグラウンドなアイディアをどうやったらメインストリームでやり遂げることができるか?というのが僕の課題だった。影響力はそうして初めて獲得できるからね。それについて意志表明をしたのが、『ヴィジターズ』以降の僕のアクションだ。

山崎 そうしないと何も変わらない、と?

佐野 とにかく僕は革命を起こしたかった。それは年上の人達の手ほどきによって成し得るものじゃない、無知で無鉄砲なある情熱的な若者によって達成されるものなんだ。自分はその急先鋒なんだと思っていた。ただの無鉄砲だった(笑)。

山崎 革命なのに徒党も組んでなかった。

佐野 なんて言うのかな? 僕は徒党を組むのはあまり好きじゃない。むこうみずで無鉄砲なバカだけれども、対象への愛情に溢れた1人の若者が行動を起こせば、それに共鳴する人達が自然と出てくるんだと思う。それを確信したのは僕の場合ラジオだった。〈NHK FM〉で放送していた『元春レイディオショー』。この番組を通じて

多くの世代と共振することができた。

山崎 公共放送で。

佐野 うん。全国の多くの若いリスナーがあの番組を聴いてくれていた。大人達が閉じてしまった扉を閉じたままにしてはいけない。番組を通じて伝えたかったのはそういうこと。それまで大人達が開けようとしなかった扉を、自分たちの世代からこじあけていくんだ、もっと自由になるんだ。そんなメッセージをたくさんの音楽と一緒に送りたかった。

日本で何が起こってるのかを知るためには、一度日本から出て外から見る必要があった

山崎 例えば同業のアーティストから「佐野さん、どうやってこれやっていくんですか?」とか、聞かれたりされていたんですか?

佐野 同業には親切だ(笑)。聞かれたらなんでも答えるよ。

山崎 実際、88年にロンドンへ1人で渡ります。それまではロンドンには滞在はしていても、住むのは初めてでしたね。住んでみてどう感じられましたか?　東京、ニューヨークそれぞれ違うと思いますけど、ロンドンらしさっていうのは?

佐野 質素。一言で言うとそんな感じかな。当時88年頃のロンドンは経済的に良くなかったし、英国自体が凋落の道を辿ってた時期だった。若い連中も荒れていた。一方、日本は右肩上がりで経済成長の真っ只中。景気がいいと街も女の子達も綺麗になる。みんな金を持っていて遊んでいる。それに比べて、ロンドンは暗く沈んでいて、みんな生活が質素だった。まぁ、僕は結構、居心地が良かったけどね。

山崎 むしろ当時の東京というのに違和感があったと?

佐野 とても違和感があった。アルバムで言うと『ナポレオンフィッシュと泳ぐ日』の頃。日本ではその当時、ちょうどバブル景気が始まった頃だった。戦後訪れた初めての大好景気に、大人から子供たちまでみんな浮かれたパーティーの中にいるような感じだった。パーティーはパーティーでも、僕はこれはむしろスーサイド・パーティーだなって思っていたよ。

山崎 あの時期に日本を脱出してロンドンに行ったのは必然だったのかもしれませんね。

佐野 年代的に20代の後半っていうのは、冒険を実行に移していく時でもあるんだ。

山崎 もしくはそういったものを敏感にアーティストとして感じて移動する、というような。

佐野 日本で何が起こってるのかを知るためには、一度日本から出て外から見る必要があった。日本では昭和天皇が亡くなり、ヨーロッパではベルリンの壁が崩壊、中国では天安門が大変なことになっていた。それまでの価値観や構造が変化する。そんな時代の真っ只中にいた。『ナポレオンフィッシュと泳ぐ日』はまさにそういった時代を背景に作ったアルバムだ。

山崎 その激動の時期を、佐野さんはロンドンで生活し、音楽を創り、世界を見ていたと?

佐野 ロンドンから日本を冷静に見ていた。

山崎 となってくると、ソングライティングに如実にそれは反映されていきましたね?

佐野 リリックがだんだん先鋭的になっていった。同時に日本語を大切にするようになった。アルバム『ナポレオンフィッシュと泳ぐ日』は、日本語のロックということをとても意識したアルバムだった。

山崎 ある種、僕は『ヴィジターズ』の時よりも『ナポレオンフィッシュと泳ぐ日』がチャート2位に入ったことの方がすごくエポック・メイキングだったのではないかと思うんです。当時の状況

を考えると。

佐野 うん、そうだね。あの頃の音楽はみんなきらびやかで享楽的だった。そんな中で硬派な『ナポレオンフィッシュと泳ぐ日』がヒットしたのは奇跡だった。

メインストリームの音楽はつまらない、ということで新しい意識を持った若い人たちが新しい音楽を奏で始めていた

山崎『ナポレオンフィッシュと泳ぐ日』は佐野さんにとってどんなアルバムですか。

佐野『ナポレオンフィッシュと泳ぐ日』は自分の音楽的なアイデンティティが定まったアルバムなんだ。完成度が高いんだよ、あのアルバムは。現代詩とロックンロールを高い次元で融合させた、僕の最初のクリエイティヴなピークと言ってもいい。敢えていえば、「サムディ」や「ガラスのジェネレーション」という初期ヒットよりもむしろ、『ナポレオンフィッシュと泳ぐ日』に収録されている一群の曲が佐野元春ポップ・ロックの真髄だと思っている。

山崎『カフェボヘミア』は佐野さんにとってどんなアルバムですか。

佐野『ヴィジターズ』までついてきてくれたファン達と、もっと深い経験を共有し合おうという想いで『カフェ・ボヘミア』を作った。レゲエ、スカ、ジャズ、ネオ・アコースティックといったいろんなリズム・ヴァリエーションがあるアルバム。『ヴィジターズ』を経て、自分の中にメロディーが戻ってきたアルバムでもある。

山崎 とてもオシャレなアルバムという印象です。

佐野 あの頃、なんだかみんな音楽に「オシャレ」って要素を求めてたからね。オシャレってなんだ？って、実は僕はよく分かんなかったけども(苦笑)。

山崎 日本に戻ってから〈M’ s Factory〉レーベルを設立しました。

佐野 当時、UKではインディペンデント・レーベルが出てきていた。メインストリームの音楽はつまらない、ということで新しい意識を持った若い人たちが新しい音楽を奏で始めていた。同時にそのような音楽に共鳴する新しい世代の経営者達がレーベルを立ち上げ始めたんだ。僕は日本でもきっとそうなるだろうと思っていた。だから、日本に戻って僕は自分のレーベル、〈M’ s Factory〉レーベルを作った。でも、インディペンデント・レーベルといっても誰も分からなかった。その頃まだ日本にはインディペンデント・レーベルという概念はなかったんだ。

いかに成功させるかも自分次第だったし、それにはリスクがつきものだからね

山崎「独立して何か企てるんじゃないか？」とさえ思われたと？

佐野 そういう勘違いもあった。既得権益を侵害されると恐れた一部の人達からの妨害もあった。僕はただ古い人達も含めて、みんなで一緒に音楽の場を持ち上げたかっただけなのに。反乱を起こしたり、謀反を起こそうというわけではなかったよ(笑)。

山崎 マネジメントもご自分で？

佐野 そうだ。自分の音楽を作るシステムを自前で組んでいった。同時に自分が作った曲の権利管理も整えていった。当時は珍しかったかもしれないけれど、現在はインディーズの人達が当たり前にやっていることだ。

山崎 予見してたんですか？

佐野 将来はいずれそうなると思ってた。それまでのレコード・ビジネスは作詞家、作曲家、歌手、プロデューサー、レコード会社の担当と細分化された分業制で成り立っていた。ところが、作詞、作曲、プロデュースも自分でやるという才能が出てきて、その分業制が意味を持たなくなった。するとそれまでの利益の分配では矛盾が出てきた。創作者への分配が少な過ぎたんだ。次の新しい作品を作る原資を得るためには、自分で全部引き受けるって形にしないと、やっていけないだろうっていうことになった。

山崎 イコール責任を持つってことですね？

佐野 そうだね。いかに成功させるかも自分次第だったし、それにはリスクがつきものだからね。当たり前の話だけど。でもまだ、80年代のレコード会社は儲かっていたのでパワーがあったよ。僕が所属していた〈エピック・レコード〉はいつも僕の作品をプッシュしてくれた。とても感謝している。80年代〈エピック・レコード〉の黄金期に貢献できたのは僕の誇りだ。

山崎 レーベルでは広告の制作もやられていましたよね。

佐野 そうだった。広告もアートであるべきだと考えていた。

山崎 コピーも佐野さんが書かれていた。

佐野 はい。

山崎「世代でなく、個人へ。カフェ・ボヘミア。」ですね。

佐野 そうだね。80年代は広告の表現が面白かった。才能ある人達が広告制作の現場に集まってきた。ただモノを売るだけじゃなくて、人の生き方にまで影響を与えるような広告が出てきたんだ。当然、音楽の広告も変わっていった。

山崎 リスナーの意識も変わっていったんでしょうか。

佐野 80年代に入って、新しいアーティストが下からどんどん出て来た。彼等が作る革新的な音楽を、もっと新しい世代が楽しむ。そういう良い循環ができたらいいなと思っていた。既成の古い音楽で占められたヒット・チャートを根こそぎ変えたかったんだ。そのためには自立したアーティストによる連帯が必要だった。音楽ビジネスの基本を学ぶことも大事だった。

山崎 そのやりかたはうまくいきましたか？

佐野 うまくいったと思う。90年代に入って、時代はバンド・ブームが来た。そこに面白い才能が集まってきて新しい音楽が生まれた。インディーズという新しいムーヴメントが始まった時、そう思った。

自由な心を愛する情熱的な新しい人間がいつの時代でも新しい扉を開く、僕はそう思ってる

山崎 今回、『ナポレオンフィッシュと泳ぐ日』のプロデューサー、コリン・フェアリー氏と再会しました。どうでしたか。

佐野 会いたかったからとても嬉しかった。25年ぶりになるのかな？　そんな時間が経ったとは思えない。コリン・フェアリーも変わりなく元気でいてくれて良かった。

山崎 どんな話をされたんですか。

佐野 とにかく細かいことをよく覚えていて驚いた。欧米の人って過去の出来事を映像で記憶してるような気がするんだ。なので「あの時どうでしたか？」と訊くと、そのときの景色から話し始めんるんだよね。とても叙事的な話になる。余談になるけれど、我々日本人は――まぁ民族で括る必要ないんだけど――インタヴューで「当時どうでしたか？」と訊くと「あの時は楽しかった」とか「辛かった」とか、情感で反応する人がほとんど。叙情的

だよね。欧米人が過去の出来事を映像でアーカイヴ化してるのに比べて、我々は過去の出来事を情感でアーカイヴ化してるのかな?って思う。

山崎 コリン・フェアリーさんと制作した『ナポレオンフィッシュと泳ぐ日』。89年ロンドンでのレコーディングでした。『ヴィジターズ』の時は同世代のミュージシャンでしたが、『ナポレオンフィッシュと泳ぐ日』は、みなさん実績がある年上のミュージシャンだったんですね。

佐野 そうだったね。みんな年上だった。どこの馬の骨とも分からない東洋のミュージシャンがギターを抱えてリハーサル・スタジオ入って来て、急にリハーサルを始める。彼らは面食らったと思うよ。でも、休み時間にバディ・ホリーの「It' s So Easy」を唄ってね(笑)。自分の名刺代わりにした。

山崎 その模様もフィルムが如実に記録してます。一瞬にして打ち解けた様子も映ってますね。

佐野 そう。すぐに仲間に入れてくれたよ。バディ・ホリーに感謝だ(笑)。

山崎 そのフィルムを観させていただき分かったのは、単純にレコーディングして完成して帰った、というだけじゃないんですね。そのことが克明に映されてました。

佐野 仕事というより僕にとっては文化交流のような経験だったからね。面白かったよ。

山崎『ヴィジターズ』の時に日本に帰らずにニューヨークにステイしようとしたのと同じように、ロンドンでもすぐに帰国せずに、そのメンバーと組んでツアーをやろうと日程の準備もしていた、と。

佐野 そうだね。このレコーディング・メンバーと全英ツアーをやるつもりだった。ただ日本側のマネジメントがその時点で日本での全国ツアーをガッチリ組んでいて、それは実現しなかった。

山崎 残念でしたか?

佐野 日本で待っていてくれたファンのことを考えるとそうでもなかった。思い通りにいかないこともたくさんあったよ。もちろん楽しいこともあった。常に自分でリスクを持ちながらやってきた。いつダメになるか分からない状態で、いつも崖っぷちでやっていた。

山崎 そこで今どんなことを思われますか?

佐野 新しい世代に伝えたいよね。つまり、世の中の決まりきった価値観をぶち壊していくこと。経験がなくて無鉄砲だけれども、自由な心を愛する情熱的な新しい人間がいつの時代でも新しい扉を開く、僕はそう思ってる。自分がそうだとは言わないけど、そういう気持ちだけはいつも忘れなかった。その精神でもって80年代の仕事をしてたんだ。

山崎 だから先程のお話にあったように『ナポレオンフィッシュと泳ぐ日』からが、ご自身のオリジナルのスタートなわけですね。

佐野『ナポレオンフィッシュと泳ぐ日』でようやく自分の音楽ができた、と思った。

山崎 それは出来上がってみてですか?　それとも制作過程で感じていたんですか?

佐野 最初から確信があった。アルバム『サムディ』のような欧米の60年、70年代音楽をフォーマットにした初期の三作。ニューヨークで作った言語傾向の強い『ヴィジターズ』。『ヴィジターズ』と『サムディ』の中間的な要素を持つ『カフェ・ボヘミア』。それを経て、自分にとって真のオリジナル・アルバムを作るぞという思いだったのが『ナポレオンフィッシュと泳ぐ日』。ここからがまた、僕の新しいスタートだって思っていた。

▶P227へ

HIS MOVIN' DIARY

佐野元春

motoharu sano

14TH, FEBRUARY

1

2

3

4

5

6

7

8

9

10

11

12

1 / 〈ヒースロー空港〉着。

2 / 〈コロネイド・ホテル〉の素敵なラウンジ。

3 / 〈コロネイド・ホテル〉の佐野さんのいつもの部屋。

4 / ディナーのレストランをホテル裏で探す。

5〜7 / 食後、ナイト・ウォークを。

8 / リトル・ヴェニスという運河が。

9&10 / 運河で佇む。

11 / ホテルに戻る。

12 / ホテルの主の猫ちゃんと。

1

2

3

4

5

6

7

15TH, FEBRUARY

1 / 大通りでタクシーを待つ。

2 / カムデンヤードのカフェでブレイク。

3&4 / ショーディッチ地区へ移動。

5&6 / 素敵なブティック〈MEN'S SHOP〉でドット・シャツを手に。

7 / グラフィックに合わせてポーズ。

8 / アンティークのギター・ショップで立ち止まる。

9〜11 / インド街のブリック・ストリート。賑わうサタデー・マーケットを往く。

12 / 世界中の料理が食べれるフード・コートが。

13 / インディ・レーベル〈ラフ・トレード〉のレコード・ショップで。

14&15 / セントラル・ロンドンへ移動。〈STONE ISLAND〉ショップへ。

16 / ディナーはホテルに近いタイ料理〈TAXIN' THAI〉で。

1

2

3

4

5

6

7

8

9

10

11

12

13

14

16TH, FEBRUARY

15

1 / ホテルを出発。

2〜4 / 運河リトル・ヴェニスを往く。

5&6 / 〈ハロッズ〉一階はハイエンドのファッション・ブティックの奥に食料品売り場が。

7 / オモチャ売り場を通りかかかる。

8 / 〈ゴディーヴァ・チョコレート・カフェ〉にフラリ。

9 / 書店売り場で巨大なストーンズの写真集を観る。

10 / 食料品売り場にあるカウンター式の日本食レストランでランチ。

11 / ベイザイズ・パークに移動。カフェ〈Chez bob〉で〈Storm Studio〉のデザイナー、ピーター・カーゾンさんとアルバム・アートワークのミーティング。

12 / 〈Storm Studio〉へ。『ナポレオンフィッシュと泳ぐ日』を手渡す。

13 / よきミーティングを終えカーゾンさんと。

14 / ホテル近くのモダンなイギリス料理でディナー。

15 / ホテルに戻り、ラウンジでくつろぐ。

1 / ホテルで朝食後、部屋でリラックス。
2 / 20数年ぶりに再会する友を待つ。
3 / コリン・フェアリーさんに『ナポレオンフィッシュと泳ぐ日20周年盤』を手渡す。
4 / レコーディング・ドキュメンタリー映像を観る2人。
5 / 88年、レコーディング・スタジオの2人。
6 / 当時、ロンドン生活を語るMOTO。
7 / マジック・アワー inロンドン。
8 / ノッテンヒルに移動し〈Dock Kitchen〉へ。
9 / 南インド料理に舌鼓を打ちながら語り合う2人。

1

2

3

4

R U A R Y

5

6

7

8

9

17TH, FEB

1 / ホテル近くのガーデン・ハウスへ。
2 / ガーデン内にあるオーガニック・カフェ〈THE QUINCE TREE〉で朝食。
3 / オーガニック・ケーキ、美味しそうです。
4 / ホテルに一度戻り。
5 / 食後のリラックス・タイム。
6&7 / ハンステッドへ移動。テイクアウトしたパンを食べる。
8 / 通りを往く。
9 / 石畳が心地よい。

10 / 地下鉄路線図を確認。
11 / 溢れ陽の中を。
12 / フレンチ・カフェでランチ。
13 / 強烈な肉屋のディスプレイに魅入られる。
14 / 一転して花屋で和む。
15 / 本屋でモッズの写真集に見入る。
16 / ロング・インタヴューの後〈スタバ〉で。

18TH, FEBRUARY

1 / ホテル脇のレストラン街。毎晩お世話になりました。
2 / チェック・アウトするMOTO。
3 / 猫ちゃんともお別れ。
4 / こじんまりとしたとても素晴らしいホテルでした。
5 / 〈ヒースロー空港〉に着きました。
6 / 〈ブリティッシュ航空〉のチェック・イン・カウンターにて。
7 / 機中の人となるMOTOの後ろ姿。

1

2

3

4

5

19TH,
FEBRUARY

6

7

▶P210より

切れ味の良いナイフが鞘に収まってるようなアルバムとでも言えばいいかな？

山崎『カフェ・ボヘミア』から『ナポレオンフィッシュと泳ぐ日』まで２年半空いてるんですよね。この間に入念に準備していたということですね。

佐野 いろんなことを準備してたからね。あとツアー。休みはなかった。2年間ずっと働いてた。

山崎 片寄明人くんが、「佐野さん史上一番パンクなアルバム」と評してました。先鋭的なんです。

佐野 80年代バブルで浮かれ始めていた日本に対して強力なカウンター・パンチを喰らわせたかったからね。

山崎 世間は『ヴィジターズ』が衝撃的だったと言いますけど、『ナポレオンフィッシュと泳ぐ日』は、それ以上のものがあるのではないかと僕は思います。

佐野 僕もそう思う。『ヴィジターズ』というアルバムはセンセーショナルだった。しかし『ナポレオンフィッシュと泳ぐ日』は、切れ味の良いナイフが鞘に収まってるようなアルバムとでも言えばいいかな？　その鞘を抜くのは聴き手１人１人の自由だよって感じ。意識して聴き手の心の深いところに届くように作った。「ジュジュ」、「雪ーあぁ世界は美しい」にはいいメロディーがある。「おれは最低」は真にパンクだ。「ふたりの理由」とか「ブルーの見解」のようなポエトリー・リーディングもうまくいってると思う。

山崎 ポップ・ソングと融合したという。

佐野 その後、それを聴いた新しい世代で「自分もやってみたい」と思った人が、たくさんいた。

山崎 しかもポリティカルな要素もしっかりと織り込んでるわけですよね。

佐野 天皇の崩御からベルリンの壁の崩壊、それから天安門事件。当時アルバムを作っていて、自分にとってこの３つの国際的な動きがインパクトがあった。

山崎 ただ、言葉は非常に清楚なんですよ。

佐野 そうだね。ポップ・ソング万歳だ。12歳の女の子が聴いてもOKだし、54歳の経験豊かな男性が聴いても「いいね」って言ってくれるようなロックンロールがご機嫌だ。でもそんな曲を書くのはある意味ものすごく技術が要る。「ソングライティングは感性で作るものだ」と人は言うけど、どうだろう？　技術の積み重ねだ。僕は経験を武器にしたかった。ロール・プレイング・ゲームで言うと、宝だとか武器をしっかり蓄えている状態だよね。それを全部使ってボス・キャラに挑んでいったのが、『ナポレオンフィッシュと泳ぐ日』(笑)。ゲーム世代に分かりやすく伝えると、そういうこと。

いかにしてロックンロールを通じて、東の精神と西の精神を融合させるか?っていうこと

山崎 ですから佐野さんが先程おっしゃったように、『ナポレオンフィッシュと泳ぐ日』からが真の自分のオリジナルの始まりであるっていうことは、近年のアルバムを聴くとよく分かるんです。繋がりがあるんです。

佐野 あぁ、そうね。

山崎 まさしく『ナポレオンフィッシュと泳ぐ日』が出発点だったな、と。

佐野『COYOTE』や『ZOOEY』を聴いて、「『ナポレオンフィッシュと泳ぐ日』と近いものを感じました」と言ってくれた若者は確かにいる。その指摘は鋭い。僕の活動というのは様式から入って、その様式を壊す。壊すとまた様式に戻って、その様式を壊す。この繰り返しだったように思う。

90年代に出した『THE BARN』は、米国の70年代音楽という、既に公認された良き雛形に沿ってそこに新しい日本語を練り込んでいった。それ自体は伝統をリスペクトしたロック音楽だった。『ヴィジターズ』は破壊だった。『ナポレオンフィッシュと泳ぐ日』は伝統と破壊の中間だ。

山崎 そうしてみると面白いですね。佐野さんにしては、珍しく短いインターバルで翌年リリースした『タイム・アウト！』は、まさしく揺り戻し。

佐野 そう。『タイム・アウト！』は保守的なアルバムだったよね。続く『スウィート16』はその中庸を行く、ポピュラーなアルバム。その証拠に『レコード大賞』をもらった。

山崎 翌年リリースした『サークル』で、また先鋭的になった。

佐野 そんな風に伝統と破壊を行ったり来たり。そういう意味では『スウィート16』は革新と保守が上手く入り混じった具合というか。多くの人に楽しんでもらった。ただ、その匙加減っていうのは自分でコントロールするのは難しい。1つだけ言えるのは、常にどんな時代でも自分に正直な音楽を作っていく、自分に嘘をつかない。それを続けていくしかないってことなんだ。ヒットっていうのはそれについてくるものだと思う。

山崎 あと、これも言っておかなきゃいけないと思うんですけど、『ナポレオンフィッシュと泳ぐ日』は全曲の歌詞が日本語でした。誰が、当時、佐野元春が全曲日本語だけのアルバムを作り、そして歌う事を想像したでしょうか？

佐野『ナポレオンフィッシュと泳ぐ日』の時に僕が目指してたのは、いかにしてロックンロールを通じて、東の精神と西の精神を融合させるか？っていうこと。アルバムには「雪ーあぁ世界は美しい」のように、欧米の人から見たらオリエンタルな曲もあえて入れた。けれど、それをかつてのYMOのように戦略として使うのは嫌だった。フェイクなしで西と東の融合を文化的におこないたかったんだ。それが『ナポレオンフィッシュと泳ぐ日』だ。

山崎 リリック自体がしっかりと独立した現代詩でした。

佐野 もう1つ大事な要素はポエトリー、つまり、現代詩的なマナーを持った詞を、どうやってロックンロールと融合させていくか？っていうこと。『ナポレオンフィッシュと泳ぐ日』ではそれがうまくできたと思う。

山崎 それまでは日本語はビートに乗りにくい、不向きであると言われてました。でも『ナポレオンフィッシュと泳ぐ日』は違うんです。

佐野 まぁ、デビュー曲の「アンジェリーナ」だって同じようなものだ（笑）。

80年代に海外で積んだ経験を、今度は日本での制作に生かそうと思った

山崎 それがより進化して、日本語だけでソングライティングされているのに、グルーヴがある。それを、パブ・ロックのミュージシャンが奏でてるとなると、上の世代はグウの音も出ないわけですよ。思考停止になってる状況だったのではないかと。

佐野 アルバムを聴いてなんと言っていいか分からないっていう人もいたね。

山崎 批評ができない。それは今までの視点でしか見れないからなんですね。

佐野 それは言えてる。洋楽との比較で邦楽を評価するそれまでの方法論がもう成り立たなくなったということだ。新しく台頭してきた日本の音楽に、上の世代の批評が追いついていないと感じていた。

山崎 佐野さん自身は当時、ご自分をシーンの中

でどう捉えていたんですか。

佐野 僕から遅れて5、6年後に下から新しい世代が台頭してきた。ネオ・アコースティックとか、ブリット・ポップ、グランジから影響された世代が出てきた。「同世代の中に誰かいないのかよ？」って、共闘できる相手を探してもいなかったのが残念だった。そういうこともあって、僕はシーンの中で常に孤立していたんだ。でも、そうした僕の音楽をプレイグスとかGREAT3、エル・マロ、スカパラといったもう1つ下の世代が密かに聴いてくれていた。だから、その彼らと現在、一緒にやってるって話なわけだ。

山崎 必然なんですね。

佐野 僕の精神年齢も10くらい下だから、彼らの世代とやるのはちょうどいい（笑）。

山崎 そこまでやって燃え尽きた翌年に『タイム・アウト！』。必然の流れだったんですね。

佐野 そうだね。時代に対しても「ちょっと待て、タイム・アウト！」。僕自身にも「タイム・アウト！」。そういうダブル・ミーニングが込められてた。

山崎 あのアルバムのミキシングはイギリスで？

佐野 そう。でも、その意味はあまりなかった。『タイム・アウト！』に関しては、別に日本でやっても構わなかったね。僕はあのアルバムを『ホーム・アルバム』って呼んでるんだけど、1か月間、バンドとレコーディング・スタジオに詰めて作り上げた。ちょうど今の宅録と似てる方法で作ったアルバム（笑）。

山崎 早かったんですよ。あのロウな感じというか。

佐野 生な感じだね。そうだね。あの頃の日本の音楽シーンで流行ってたのは、深いエコーとキラッキラしたシンセサイザー。アーシーな音楽はなかった。アルバムを聴いて、みんな「佐野は保守的になった」って騒いでた。でもそれは違う。装飾的な時代に、ああいうロウなサウンドで勝負するというのは喧嘩だよ。

山崎 あのアルバムの質感を、その後、多くの方がやられてました。

佐野 世界的にそういう傾向だったと思う。レニー・クラビッツのアプローチから始まった傾向だ。

山崎 時代は90年代に入ります。当時、佐野さんはどんな気分でしたか。

佐野 80年代に海外で積んだ経験を、今度は日本での制作に生かそうと思った。

山崎 ということは、80年代に海外のアーティストとコラボレーションして作ってきて、それが佐野さんの中に全部インプットされた結果として自分のオリジナリティが形成された。それ以降、90年代は東京で創るっていう流れになるわけですね。

佐野 そうだね。90年代以降はメイド・イン・ジャパンを海外に、という思考になった。

いろんなことを参考にしつつ、オリジナリティを作り上げていくしかなかった時代だ

山崎 これもまた必然。

佐野 90年代で言うとアルバム『サークル』でイギリスのスタジオでミックス・ダウンをしたことだ。

山崎 アルバム『サークル』からの「エンジェル」で、ジョージ・フェイムとのコラボレーションもありました。

佐野 そうだね。『サークル』もどちらかと言うと、英国のフレーバーを感じる。

山崎 タイトル曲の「ザ・サークル」も当時、ロンドンを席巻していたアシッド・ジャズの質感がありました。

佐野 そうだね。流行に関係なく、ビ・バップ、

クールあたりの4ビート・ジャズは僕の好きなエリアだ。

山崎 加えてマーク・マクガイアに「ザ・サークル」のリミックス・ヴァージョンを依頼しました。

佐野 そう、UKのリミックス・エンジニアに頼んで。『サークル』はそう考えてみると、UKオリエンテッドなアルバムだね。

山崎『サークル』の前の作品、『スウィート16』はどうですか。

佐野『スウィート16』もどちらかと言うと、UKオリエンテッドだ。1曲目「ミスター・アウトサイド」のサンプリング・ループを使ったハウス・サウンドは、同時期のストーン・ローゼズらブリット・ポップに通じると思う。

山崎 UKサウンドっていうのは、綿々と佐野さんのプロダクションに受け継がれてたわけですね。

佐野 あるんだね。

山崎 マンフレッド・マンからの影響もありますし。

佐野 マンフレッド・マンといえばモッズ。『ハートビート』のアルバム・カヴァーの格好はモッズ・ファッションの影響だ。あのハットと古着のツイード・ジャケットと細いパンツ。僕の好みだ。

山崎 当時、日本でロッカーというとあからさまな格好してましたから。

佐野 そう、革ジャンにグリーサー達。50年代ロックンロールのパロディ。僕はどっちかと言うとモッズが好きだったから、それをやんわりと表明したのが『ハートビート』のカヴァーだったわけで。

山崎 アルバムのアートワークはいつ頃から監修したんですか。

佐野 しっかり監修したのは『カフェ・ボヘミア』のアートワークから。レコード会社のアイデアだった『サムデイ』と『ヴィジターズ』のアートワークはちょっと不満だった。

山崎 当時、「影響、引用」とか言われてましたけど、まったく違いますね。むしろ、ユニバーサルな同時代のプロダクションを、同時進行でやっていたということで。その認識って日本の音楽シーンは当然、国内視線しか持ってないから分からなかった。

佐野 何もなかったところから悪戦苦闘しながらやっていた。いろんなことを参考にしつつ、オリジナリティを作り上げていくしかなかった時代だ。そこにどれだけの創意工夫があったか、ここでは説明しきれないな。

僕のファンの世代、10歳ぐらい下の世代は海外留学の経験者が多い

山崎 その本質を見抜くのがクリティックの仕事なわけで。

佐野 そうだね。

山崎 粗探しばかりしてたような記憶があります。

佐野 中には良い批評もあったよ。そういう批評を読むと次はもっといいものを作ろうという気になる。いい批評はアートを育てるけれど、粗探しのような駄文はみんなの気分を悪くするだけだ。僕に限らず同世代で積極的に海外とのコラボレーションをしていたミュージシャンはたくさんいる。

山崎 同じ日本人として、応援すべきじゃないかと。

佐野 そうだね。国内のアーティストが創意工夫を凝らして、何もないところから、海外の音楽と肩を並べられるだけのものを作ろうと孤軍奮闘しているならば、応援するのが人情だ。

山崎 ジャンルは違いますけど、その後に出てくるアスリートの方々の先鞭でもありました。

佐野 アスリートの方にはアスリートの世界観があるので、よく分かんないけれど。でも、日本経済が良くなって色々なレヴェルで、世界と肩を並

べられる力を持ったところで、ようやく世界に目が向くようになった。その時に初めて、仕事や創作にはインターナショナルな軸が必要なんだとわかった世代が、ちょうど僕の世代だ。その影響もあって僕のファンの世代、10歳ぐらい下の世代は海外留学の経験者が多い。好きなアーティストが海外で活躍するのを見て、海外に目を向ける。15歳で僕の音楽を聴いていた女の子が留学したり、後に海外で仕事を始めたという話をよく聞いた。

山崎 そして今、ロンドンに来ています。今回の旅の目的は?

佐野 新作のアルバム・アートワークのことで来ている。現在、音楽パッケージが売れなくなってきてる。そのせいで面白いアルバム・アートワークがあまり多くない。こんな時だから、僕のファンにはいいアートワークをプレゼントしたいと思う。僕のレーベル、〈DaisyMusic〉レーベルは、アートワークに力を入れてる。

山崎 やっぱり佐野さんのプロダクションから、アートワークの楽しみを教わったのが大きいです。

佐野 ありがとう。ミュージック・ウィズアウト・アートワーク。もう1つがミュージック・ウィズ・アートワーク。〈DaisyMusic〉はその両方を作っていく。ウィズアウト・アートワークっていうのは、ダウンローディングの話だ。それは今の主流だよね。一方の、ミュージック・ウィズ・アートワーク、こちらを昔よりももっと充実させていきたいという想いが強くなっている。そういうわけで、今回は英国の元〈ヒプノシス〉の流れを汲んだ〈Storm Studios〉にフロント・カヴァーのデザインを依頼したんだ。

山崎 今回、アナログもリリースされるということで、余計にアートワークが重要ですね。

佐野 30×30センチの昔ながらのあのアナログ盤の魅力をぜひ新しい世代の音楽ファンにも伝えたいと思っている。

山崎 今回、〈ヒプノシス〉のデザイナーとやろうと思ったのはどういう判断で?

佐野 〈ヒプノシス〉がデザインした過去の名盤はたくさんある。10代の頃から音楽ファンとしてそれを楽しんできた。〈ヒプノシス〉デザインにある、シュルレアリスム的な表現、陽気なシニカルさ、それが今回の自分の新作にぴったりだと思った。

山崎 しかもタイトルは『BLOOD MOON』。

佐野 ハッピーなイメージではない。だからと言って、ネガティヴなグラフィックにはしたくない。デザイナーとのミーティングの場でそう説明した。ちゃんと理解してくれたよ。仕上がりが楽しみだ。

SESSION 2
2月19日@〈ヒースロー〉空港へ向かうタクシー・ロンドン

随分街並みが綺麗になった。人々の表情も明るく見える。ただ、物価が高くなったね

山崎 今回、久々のロンドンを歩いてみて、街の雰囲気など如何でしたか?

佐野 以前ロンドンに来たのはもう10年前ぐらいになるので、その時と比べると随分街並みが綺麗になった。人々の表情も明るく見える。ただ、物価が高くなったね。

山崎 この10年の間に好景気となりました。

佐野 街の雰囲気が綺麗で現代的になったね。昔はロンドンと言うとクラシックなものばかり、といったイメージがあったけど、昨日行ったハム

ステッドとかイーストのエリアは開発されていて、とてもいい感じだったよね。
山崎 特にイーストの方は元々はインド人コミュニティだったのが、今はアーティストやクリエイターが移り住んで、ニューヨークで言えばブルックリン的になっていると。
佐野 ニューヨークもロンドンも昔、活気のなかったところに開発を加えて、新しい文化の発信地にしようという発想は同じなんだね。
山崎 『ナポレオンフィッシュと泳ぐ日』発表当時のインタヴューで、「ロンドンに住んでレコーディングして感じたのが『Think Globally, Act Locally』だ」という発言をなさっていました。
佐野 僕の生活や創作活動のベースは東京。しかし、ものを作る時には日本人という国籍や東京に住んでいる地方性には縛られる必要はまったくない。大袈裟に言えばね、この地球に暮らしている1人の存在として創作するわけだから、そこは発想においてはグローバルにという思考を80年代から持ってた。で、今でも「Think Globally, Act Locally」というのは僕の行動の基本になってるよね。
山崎 前回のニューヨークでのジョン・ポトカーさんの時もそうでしたけど、今回もデザイナーとのミーティングも、直接、この地に赴いておこないました。
佐野 現在はインターネットが発達してるので、仮の情報はすぐ手に入るようになったけど、やっぱり本当の情報は、直接、自ら、外の場に飛び込んでいって、直接獲得する、直接タッチする。そうしないと本質に辿り着かない。これはね、とても大事なことだと思ってる。もちろん、人にもよるけれど、僕の場合、曲を作っていく、詞を書いていくという作業を考えてみると、頭の中だけで考えたり机に座って生み出すものでなく、フィールド・ワークが基本ということだよね。自分の興味や関心ある場に行き、人々と会い、気持ちを交換し、直接性を獲得する。そこから自分にとってリアルな作品を生み出していく、これを繰り返していくしかないと思ってるし、僕はそれを30年間繰り返している。
山崎 30年前は今のようにインターネットもなくてデータの送信もできなかったわけですけど、今でも、いや、会わなくてもコミュニケーションがとれる今だからこそ直接性が重要ということが、今回のアクションから強く感じました。
佐野 もちろん。『ナポレオンフィッシュと泳ぐ日』プロデューサーのコリン・フェアリーと再会して思ったんだけれど、当時、同じ時間を共有したからこその深い思い出がそこにあったよ。それは心温まる感動的なものだ。

なんでも簡単にできるから余計に、直接性を取り戻すということ

佐野 まずは事実をしっかりみるということ。物事を情緒といった実態のないもので捉え過ぎると間違いが起こるよ。これは、とても大事なことだ。
山崎 今の日本を取り巻く状況もそうだと思います。
佐野 そう。例えば権力者が情緒で話しかけてきた時には先ず警戒した方がいい。権力者が話す美しい話には裏がある。
山崎 今回の新作が制作中であると同時に、帰ってすぐ翌々日には堂島孝平さんのライヴに参加するという、非常にハード・スケジュールな中で5日間イギリスに来ましたけど、かつてもこういうような感じでポッと来てしまう感じだったんでしょうか?
佐野 そうだね。特に行き来が激しかった80年代中盤から90年代にかけては、ハチのようにあちこち移動していろんな人に会っていた。
山崎 人によっては今回の〈Storm Studios〉の

ミーティングにしても、データや『スカイプ』のやりとりでやっちゃいます。

佐野 航空運賃も高いしね(笑)。「そんなものメールでやりとりすればいいんじゃない?」って思うかもしれないけど、そこがちょっと違うんだね。

山崎 はい。実際、そこでディスカッションしたから生まれるアイデアがあるんだなぁと。

佐野 互いにものを作る人間同士だから、直接会えば、創造的なシナジーが起こる。ブレイン・ストーミングしてる間に共感が生まれる。「ここ、互いに共感してるな」というものを発見したら、その共感した部分を意識的に拡大していく。そしてコラボレーションを良い結果に導くんだ。もちろん、違うところもあるんだよ。共感できないところもあるかもしれない。だけど、互いに「共感できる」部分を意識的に拡げていかないと先に進まない。これはバンドもそうだし、他の表現の分野の人とのコラボレーションでも同じことが言える。

山崎『BLOOD MOON』という言葉がカーゾンさん的には「ポジティヴな響きには聞こえない」という発言に、「ポジティヴにしたいんだ。ただポジティヴ過ぎるのも良くない」という微妙な表現をされてました。これこそ、実際に会ってのディスカッションならではと聴いていて思いました。

佐野 そうだね。『BLOOD MOON』って言葉が欧米の人達に何をリマインドさせるのか?それは直接話さないとダメだし、人によっても違う。

山崎 むしろネットでやりとりができる時代だからこそ、わざわざここに来るということの重要性が双方にあるんだと思いました。

佐野 そうだね。なんでも簡単にできるから余計に、直接性を取り戻すということ。街に暮らしてれば、間接的になんでもできたかのように疑似体験できてしまうから。尚更、直接性を取り戻す、ワイルドになるということが重要だと思うよ。

山崎 今の発言は、80年代から常に警句のように発しられて来ましたけど、むしろ今、加速されているような。

佐野 これから益々そうだと思うよ。

山崎 昨日聴かせていただいた新作、非常にポップ・チューンが多く驚きましたけど、中でも踊れる曲が多いのにびっくりしました。

佐野 そうだね。新作アルバムは自分の中で幾つかテーマを持ってるけど、その1つにダンスというのがある。

山崎 ドラマーの小松シゲルさんの得意としてる跳ねるビートを活かしたアレンジになっているなと。

佐野 そうだね。ドラマーである小松君がいいビートを叩き出している。彼が気持ち良く叩いているとバンドのグルーヴがもっと良くなる。やっぱりドラム、ベースのグルーヴが一番大事だからね。言葉の意味よりも大事なんだ、ハッキリ言って。だからグルーヴ・メイカーであるもう1人の高桑(圭)君の演奏も大事だ。まさにコヨーテ・バンドでしか得られないゴキゲンなダンス・グルーヴが今回表現できたと思ってる。そこに乗っかって僕は歌ってる、そんな具合だ。

山崎 高桑君自体がソングライターで自分でも歌ってる人なので、ベース自体が歌ってるというか。

佐野 歌ってるよね。高桑君に限らずコヨーテ・バンドの全員がそう。深沼(元昭)君もそうだし。ギターで言うと深沼君とアッキー(藤田 顕)のコンビネーション。それぞれ役割を自分達で決めて、1曲の中でも非常に意味のあるアンサンブルを彼らは奏でてくれてる。

山崎 あと渡辺シュンスケさんのキーボード演奏が光っています。

佐野 その通り。今回のセッションで、渡辺シュンスケの演奏には何度も目をみはった。彼の演奏はバンドに音楽的な深みを与えてくれている。

山崎 バンドがとてもいい状態なのがわかります。

佐野 コヨーテ・バンドを結成して7年目になるけど、ここに来ていよいよバンドとしてのアイデンティティが確立したなと。そのことをファンに楽しんで分かってもらえるアルバムになるだろうと、そう思ってる。とてもオリジナルなサウンドになってると思うよ。

山崎 ホーボーキング・バンドともハートランドとも違うグルーヴなんです。

佐野 その通り。

山崎 一聴するとバンド以外の音が入ってないようですが、音に厚みがあるように感じました。

佐野 そこはいつも工夫しているところ。演奏してるのは5人だけど、レコードを聴いてみると、もっと豊かに聴こえるようにデザインしている。

SESSION 3
6月15日@東京

音楽リスナーが「こうあって欲しい」という期待に応えていく。これもレーベルの役割だと思う

山崎 ロンドンでデザイナーとのカヴァー・アートの打ち合わせの場所に同席させていただきました。それだけに、素晴らしいカヴァー・アートが出来上がって、非常に感慨深いです。

佐野 そうだったね、どうもありがとう。通常はコーディネーターやプロデューサーが間に入ってまとめていくというケースが多いと思うんだけど、僕の場合は自分でロンドンに行って、グラフィック・アーティストと互いに意見を交換しながらコラボレーションをした。その数週間後にデザイナーからいくつかのアイディアがラフ・スケッチで上がって来て、その中から選んで実写をしたものが今回の完成形となった。

山崎 アナログのサイズ感で見るとやっぱりいいですね。しかもWジャケットですし。

佐野 うん。今回はアナログ・レコードだけではなく、ダウンロードも含めて販売形態が5つに分かれてる。現在、音楽リスナーのリスニング環境が多様化してる。彼らに自由に自分の好きなメディアを選んで楽しんでもらいたいと思って複数のパッケージを出す。最高に音が良いと言われているハイレゾ音源をUSBに落とし込んだパッケージ、それからCD、アナログ・レコード、ダウンローディングに至るまで、現在考え得るすべてのパッケージを採用した。

山崎 はい。しかもハイレゾはダウンロードではなく、ちゃんとパッケージとして販売するというのにも意味を感じました。

佐野 ハイレゾ音源を勧めているほとんどのメジャー・カンパニーはダウンローディングで解決しているけれども、〈DaisyMusic〉のマーケティング調査によると、ハイレゾ音源を手にしたいという音楽リスナーは、自分の手元に形として置いておきたいという人が多いみたいなんだ。そこからしっかりとしたパッケージにこのハイレゾ音源を入れたってわけなんだよ。

山崎 ハイレゾ音源なんですけど、ちゃんとジャケットもあって。しかもブックレットも100ページのヴォリュームで付くんですね。

佐野 ハイレゾ音源だけではなく、デジタル・データとしては6曲の新しいミュージック・ヴィデオも入ってるからね。映像と音のすべてをUSBの中に収録し、100ページの歌詞とフォト・ブックを付けたパッケージ。何よりもボックス・セットになってるから、今回のグラフィック・アートが引き立つようなデザインになったんだ。自信を持ってお勧めできるパッケージになったよ。

BB
BEDROOM BAR
BEDROOM BAR
COMEDY CAFE
THEATRE

FORBES HALL LLP
FRANCOS
SNACK
BAR
TO LET

山崎 アーティストがリスナーのそれぞれのリスニング環境に沿ってリリース形態を作るって、リスナーへの配慮が行き届いていると思いました。「これを聴け」ではなくて「これもあるよ」とチョイスできるっていうのは、なかなかできない試みです。

佐野 〈DaisyMusic〉は、メジャー・カンパニーができないことを実践している。その中で音楽リスナーが「こうあって欲しい」という期待に応えていく。これもレーベルの役割だと思う。最終的に音楽を愛するリスナーの人達にすべてのベネフィットが落ちて行く。そう考えて今回パッケージを作ることに決めたんだ。

山崎 これを見たら「パッケージが欲しい！」と理屈抜きで思います。

佐野 そうだといいな。しばらく我々は、グラフィック・アートと音楽2つが織りなす総合アートの楽しみを奪われてきた。CD時代になり、やがてダウンロード時代になってグラフィック・アートの出番が少なくなってきてしまったからね。僕は60、70年代の音楽で育ったから、アナログ盤LPには親しみがある。そこで総合アートの楽しみをどのように音楽ファンに提供していくか?というのは、〈DaisyMusic〉の課題だった。現在、アナログ・レコードの需要も増えて来て、若い世代の中にもアートワークと音楽は切っても切れない関係にあるトータルな表現だと理解する人々が現れてきて、それを楽しみたいという需要も出てきた。そうした彼らに向けての、僕達のアクションが今回の作品だ。

山崎 批評的でもありますよね。ストリーミングで聴き放題という形に益々なる中、アートワークとかリリックさえなくてもいいと感じてしまう現在の状況の中、そのすべてを総合アートとして提示する重要性が。

佐野 ダウンローディングでアートワークは無くていいという音楽もある。でも僕が作る音楽はそうではない。

ロックンロールは世界を変えることはできないけれども、世界の在り様のあらゆるレヴェルに刺激を与えることはできると思う

山崎 このパッケージを見て、ロンドンでミーティングしていた意味を、すごく理解できました。

佐野 それは嬉しいね。実際、ファンの人達には、どのようなプロセスでレコードを作ってるのか?という過程は一切見えないものだ。でも、山崎君は打ち合わせの現場に同席していたから、僕がどのような考えでこのパッケージを作ったか、分かってくれたと思ってる。

山崎 作品を初めて聴いた時は、非常に楽天的でポップなサウンドがまず飛び込んできたんです。でも、リリックは非常にシビアな現状認識が全体を覆っているように聞こえました。そこがまさしくマジックで。歌詞だけ見たらどこか厭世的なのに、それがサウンドに乗ってくると、違った回路で聞えてくるんですね。

佐野 日頃から音楽に深みを持って接しているリスナーにとって、新作『BLOOD MOON』はきっと好んでもらえるんじゃないかと思う。経験が豊かな世代から、直感に優れた若い世代まで、このアルバムは強い意味を持ってアピールしていく筈だと思っている。これがアピールできなかったら日本の音楽はダメだ。

山崎 この歌詞とサウンドの相関関係というのは、ソングライティングの時に意識されたんですか?

佐野 もちろん。

山崎 この歌詞をもっとマイナーな曲調で歌うとまったく違う質感になると思うんですけど、それがポップ感の強いビートを伴うとともても

ポジティヴに聞こえるんです。歌詞だけ見ると、「もう未来なんかないよ」と言ってるように受け取れるのが、サウンドと調和することで、ほのかな希望が見え隠れするようになって。そこにソングライティングの妙を感じました。

佐野 僕は演奏家でありソングライターでもあるのだけれども、同時にロック・アーティストでもあるわけで、だからこそ、そこでしかできない表現を追求してるんだよね。この表現の代わりになるものは世の中にはないと思ってる。僕の表現するものは論文よりも強いと思ってるし、単独で存在する、例えば絵画とか建築とかの表現様式より強い表現であると自信を持っているから。

山崎 もう少し詳しく教えてください。

佐野 ロック・ミュージックにはすべてが入ってるんだ。言葉という理知、ダンスやビートというフィジカルな要素、さらには感情まで。だから僕はロック・ミュージックの表現の可能性を信じている。ロックンロール音楽というものが、ただ世の中に不平不満を言う憂さ晴らしの音楽であったり、ただ10代の多感な連中の未経験さを露呈するものであったり、ただの「I LOVE YOU, YOU LOVE ME」で終わる世界観であるなら、僕はここまで長くロック音楽には付き合ってない。ロックンロールは世界を変えることはできないけれども、世界の在り様のあらゆるレヴェルに刺激を与えることはできると思う。政治や経済や文化、人々の生き方の在り様のすべてに。僕が長くこの表現形態にこだわってる理由はそこにあるんだ。

山崎 ソングライターの書くそのポジティヴィティとか、希望の匙加減は時代によって変わってくると思うんです。つまり、今の時代においてそういう部分をどれたけ注入するか？に、ソングライターの力量やセンスが問われると思うんです。今回の作品を聴いて、主人公はどれも「個」的な存在で、ある種「自分は自分でいくよ」と呟いているように聞こえるんですが、あのサウンドとヴォーカルに乗って歌われると、「だけど……」っていう部分が伝わってくる気がするんです。「個」に行くことで、却って希望やポジティヴィティを感じるような微妙な匙加減を感じたんです。

佐野 なるほど。新作『BLOOD MOON』にはいろいろな主人公が登場する。みんな僕に似た誰かだ。ここにある物語はみんなの物語でもある。仕事と家族を失った40代の男の立場で世界を眺めた曲もある、初めて運転免許を取った20代の男が、夏の終わりに幻影を見ながらゆっくりと車を走らせてる曲もある。様々な主人公を設定した。この『BLOOD MOON』を聴いてくれる人が、男性であれ女性であれ、どんな職業に就いてどんな年代の人であっても、自分自身を投影できるような、そういうソングライティングをしたつもりだ。だからいろいろな人達がこの『BLOOD MOON』を自分の物語として楽しんでくれるんじゃないか？と期待してるんだ。

言葉の行き過ぎた理性を、ビートという野生が歯止めをかける格好にした

山崎 今回、リズムのヴァリエーションが非常に多彩ですね。

佐野 新作『BLOOD MOON』はダンス・ロック的な曲調が多いよね。言葉の意味性が非常に強いリリックだから、言葉の行き過ぎた理性を、ビートという野生が歯止めをかける格好にした。フィジカルな要素とメンタルな要素のバランスを取っているわけで。そしてそのバ

ランスの中で、音楽に深みを持たせていく。サウンド・プロダクションに関して言えばそこに集中した。

山崎 編成はシンプルですが、厚みを感じます。

佐野 そこはコヨーテ・バンドの演奏によるところが大きいと思う。バンドとして10年一緒にやってきて、その間に何回も全国ツアーを経験し、そのツアーで演奏したことの積み重ねが今回の『BLOOD MOON』に集結してるんだ。一朝一夕では求められないグルーヴ感と言ってもいい。この10年間で作ったコヨーテ・バンド名義のアルバムは『COYOTE』、『ZOOEY』と続いて、この『BLOOD MOON』で3作目。自分達の中では、これを『COYOTE』三部作の完結編だと位置付けている。

山崎 間奏とか後奏の部分で、各プレイヤーの演奏を楽しめる構成になっていたのも嬉しかったです。

佐野 演奏には自負があるからね。僕もこのアルバムでコヨーテ・バンドとしてのアイデンティティをしっかり知らせるんだという気持ちはあったし、それが実現できたとも思っている。ユニークで、誰が聴いても高い水準を持った優れたロックでポップなバンドであることが分かると思う。

山崎 どれもライヴで演奏できる曲なんですよね。

佐野 どのアルバムの楽曲も、ライヴで演奏することを前提に録音している。だから過剰な編曲はなるべく避けてるんだ。過剰なストリングスやブラス・セクションを入れたりしない。バンドの骨格がしっかり見えるような、そういう編曲をしている。録音についてはアナログ的な響きを重視した録音方法を採っている。そういう録音に長けているレコーディング・エンジニアやマスタリング・エンジニアと組んで音を仕上げてるんだ。国内の他のロック・アルバムと聴き比べてもらってもいい。僕らのサウンドは、それ自体が何かゴキゲンなメッセージを持ってるように聞えるから。

山崎 アナログもハイレゾもCDも、各メディアによって最後のフィニッシュの工程が変わるわけですよね？

佐野 そう。そこは24bit/96kHzという最高の音質で録って、各メディアに合わせて仕上げている。

山崎 「境界線」が先行シングルとして出ましたけど、勝手ながらMovilist的なものを感じました。

佐野 僕の得意なブルー・アイド・ソウルだよね。コヨーテ・バンドの曲の中でいえば、「君が気高い孤独なら」のラインだ。80年代のプロダクションで言えば「ヤング・ブラッズ」。華麗なフィリー・ソウルは僕の得意な分野だ。バンドの演奏も素晴らしいよね。コヨーテ・バンドは年代的に言うと、80年代の「ヤング・ブラッズ」を聴いて育った世代だ。ザ・ハートランドの古田たかしのドラムを聴いた小松君が、今、コヨーテ・バンドで素晴らしいドラミングを披露してくれている。それは伝統といってもいいと思う。こんなに素晴らしいことはないよね。過去の良い精神を受け継ぎながら新しい音楽を奏でてくれてる、それはドラムに限らず、コヨーテ・バンドの全員がそうであるということ。80年代の僕のプロダクションを聴いて育った彼らが、それを受け継いでくれているということだよね。本当に素晴らしいことだ。

「あらゆるものから俺は自由だぜ」ってことを、いつも伝えようとしているんだ

山崎 「バイ・ザ・シー」はラテン・ロック的なサウンドでとてもキャッチーです。

佐野 個人的にラテンのリズムが好きだ。最初に試したのは「ラ・コスタ・リブレ」。〈M’s Factory〉レー

ベルから出したコンピレーションに収録された、ブルーベルズという2人組のポップ・ユニットに歌ってもらったプロデュース作品だった。僕のラテン・ロック趣味が際だったのがアルバム『THE SUN』の中の「観覧車の夜」。これはオルケスタ・デ・ラ・ルスのメンバーに集まってもらい、ラテンに精通してるプロデューサーのもとレコーディングした曲。最近で言えば、セルフ・カヴァー・アルバムの『月と専制君主』で「ヤング・ブラッズ」をラテン・ロック的に解釈したアレンジでレコーディングした。それらの延長にあるのが、今回の「バイ・ザ・シー」だ。

山崎 バンドのハーモニーも素晴らしいです。

佐野 ありがとう。新作『BLOOD MOON』で注目して欲しいのはバンド演奏だけではなく、僕らが素晴らしいハーモニーを持っていること。それを証明したアルバムだと思う。バッファロー・スプリングフィールドやビートルズやバーズのようにメンバーみんなが歌えて、作詞作曲もできる。僕の理想だ。

山崎 強いサウンドが多い中、メロウな「新世界の夜」のサウンドの質感が染み入ります。

佐野 そうだね。アルバムの中で一番メロウな曲は「新世界の夜」。50年代のパーシー・フェイス楽団のようなサウンドで、とても洒落た表現になってると思う。海辺で仲の良い恋人達に聴いてもらうのにうってつけのサウンドだ。歌詞を聴かなければね(笑)。そこで歌ってるリリックは厳しい内容だけど、メロウなサウンドのお陰でシリアス過ぎずに済んでいると思う。

山崎 「キャビアとキャピタリズム」は歌詞の内容はハードですけど、ユーモアもありますね。

佐野 表から見たら醜いものでも、裏側から見ると美しかったりするような、ギリギリのラインのエッジを歩きつつ、それをある種の人々の潜在意識に訴えかけて、鋭いメッセージもちゃんと受け取りやすい形にする。それがユーモアのセンス。マルクス・ブラザースがよくやってた手法だ。「キャビアとキャピタリズム」はそんな曲だ。

山崎 僕は80年代からずっと聴いてるので当たり前だと思っていたんですが、35年もの長いキャリアでも、毎回作品が変わっていくアーティストってなかなかいないってふと感じました。通常はある程度の年数をやっていると昔のスタイルを踏襲していくと思うんです。その方がリスナーも安心するでしょうし。でも佐野さんはそうじゃないなって。

佐野 僕の場合、人生がフール・オン・ザ・ヒル的なスタンスなので、「あらゆるものから俺は自由だぜ」ってことを、いつも伝えようとしているんだ。常に新しい表現にチャレンジしていくタイプではあるけれど、コアは変わっていないと思うよ。

山崎 新作『BLOOD MOON』のご自身の評価はどうですか?

佐野 僕のキャリアの中でもこの『BLOOD MOON』は最高の作品になったと思ってる。前回の『ZOOEY』で、これ以上の極みはないと思ったんだけど、それを越えてしまった。不思議でしょうがないね、これは。自分の思いこみかもしれないけど、そう感じてしまうんだよ。僕は作者である一方で、どこか冷静で批評的な視点も持ち合わせているから、自分の作った作品を批評的に見ることも多いんだけど、贔屓を差し引いたとしても、この『BLOOD MOON』は、なぜここまでのものが僕の中から出てきたのか?と思ってしまう。神様からのプレゼントだ。

サヴァイヴァルするということなんだよね。僕が僕自身である為に

山崎 創作する場所を変えたとかいうことではないのに?

佐野 そうじゃない。『COYOTE』や『ZOOEY』

からの制作方針をまっすぐ踏襲した作品であるし、制作方法やソングライティングをさらにDIGしていったんだ。その結果がこれだったし、それが正解だったんだろうと思う。

山崎 いろんなロック・アーティストの方々は創作のピークがわりとキャリアの前半の若い時期にあったりすると思うんですが、佐野さんはむしろ35年を過ぎてもまだ高みに向かっていっていらっしゃる。

佐野 それはコヨーテ・バンドと一緒に成長してる部分もあるからね。彼らは演奏家として、クリエイティヴなピークを迎えてる。この時期にハイ・クオリティなアルバムとライヴを残したいという気持ちは確かに強い。

山崎 ソングライティングはどんどん洗練されて高みに行ってるけど、間口が広くなっているわけです。普通は渋み、枯れという方向性に進みがちですけど。

佐野 僕はファンのことは考えるけれども、ファンが望むことに自分をおもねたりはしない。ファンの感受性を僕は尊重するけれども、それを常に越えて行く。もっと深い感受性をもって作品化していく。だからファンに気に入ってもらおうとは思わない。ファンに僕のレコードを買ってもらいたいとは思うけれども、ファンのために何かを譲ろうとは思わない。僕が相手にしてるのは、良い意味でも悪い意味でも、自分が生きてる今の時代だったり、現在の自分を取り巻くすべてなんだ。僕自身の自由を束縛したり傷つけたりするものに対して、時には真正面から、時には狡猾に、向かい合ってきたし、これからもそうすると思う。つまりサヴァイヴァルするということなんだよね。僕が僕自身であるために。曲を作る力があるというのは、そのためなんじゃないのかな?って思うよ。

山崎 今後の35周年のアクションについては?

佐野 新しいアルバムを出したら、次はライヴだ。夏には全国のいろんな音楽フェスの幾つかに出演することになってる。特に若いリスナーと出会えるのが楽しみだ。秋には主要都市を外した全国地方都市のライヴハウスで演奏したいと思ってる。35周年ということで普段行かないような街に行って演奏したい。どの街にもファンはいるからね。会うのが今からとても楽しみだ。年末から来年の3月にかけては35周年アニヴァーサリー・ツアーということで、全国主要都市のホールを中心に周るつもり。このようにアルバムが出た後はずっとライヴが続く。

山崎 新作『BLOOD MOON』をどのように楽しんでもらいたいですか。

佐野『BLOOD MOON』で作った12曲をいろんな立場の人に、いろんな風に楽しんで聴いてもらいたい。2回、3回と聴いて、新しい発見をしてくれたら嬉しいね。10年先もずっとリピートして聴けるように作ってるわけだから。その先に、聴いてくれたファンの人達との対話があってもいいし、ライヴで思いを交換できたらもっといいと思う。

『BLOOD MOON』
7月22日発売
〈DaisyMusic〉
[web]
www.moto.co.jp
[facebook(staff)]
www.facebook.com/motoharusano
[twitter(staff)]
twitter.com/MotoWebServer

谷中 敦

ATSUSHI YANAKA

from
東京スカパラダイスオーケストラ
TOKYO SKA PARADISE ORCHESTRA

谷中 敦 / やなかあつし

アメリカ、ヨーロッパ、南米、アジアと世界を股にかけ活躍する大所帯スカ・バンド、東京スカパラダイスオーケストラのバリトン・サックス担当。7月29日にゲスト・ヴォーカリストを迎えた、両A面シングル『爆音ラヴソング / めくったオレンジ』を発売し、8月8日、自身が主催するフェス『トーキョースカジャンボリー vol.5』を山中湖にて開催。また10月3日より全国ホール・ツアー『叶えた夢に火をつけて燃やす』を開催。

[web] www.tokyoska.net

[twitter] twitter.com/a_yanaka

『囚われの才覚』

知り合うことは旅なんだ
ずっと一緒に仕事していても
しっかり話したことのない人の
昔話を聞いていると
自分とは違う旅をしてきた人なんだなと
すっかり旅行した気持ちになる

一緒に経験したはずの事件でさえ
違う側面が見えてきて
混乱することもあるけど
それは違う旅をしてるからなんだろう

俺は端末片手にいつも寄り道していて
旅をすることも忘れてしまった
頭の中は不要な知識でいっぱいだ

それが楽しいのなら、まだいい
それが楽しいのなら

知り合うことは旅なんだ
恋することは旅なんだ
同じ街に住んでいるのに
感じていることのちょっとした違いに
一喜一憂して
相手のことが心配になったり
自分の人生が新しく感じられるのは
新しい旅が始まった証拠なんだ

知りたくなかった秘密を知って
悩みが増えてしまっても

遠い旅先で突然恋しくなる
異性の友だちのように
忘れていた自分が
目を覚ますと、ふと
散歩している自分に気づく
眠る間も歩いてた
その道を振り返るように語ろう

知らなかった、母のロマンス
娘が持つようになった秘密も
初めて訪れた異国の海に揺蕩う

懐かしい波の音に溶けてゆく

昼しか会わない人の
夜の話も深いので
旅の入口に迷い込む

仕事場と旅先とでは
吐く息はこんなにも違うのか

見慣れた筈の職場や
生活の隙間で悩み、迷い
苦しみたくはない

知らなかった世界に足を踏み入れて
通用しない知識を脱げば
心一つで産まれてくる自由が
元通りの形で目の前に現れる

囚われの才覚が
自分を救うように
立ち上がり

目に見えなかった障害物が
音もなく消滅していく

ただ意味もなく絡みついていたんだ
慣れてしまえば哀しみさえも
古い友人のような顔をして

執着の果てにゴミ塗れの城で
たった一人で住むように

不要な寂しさの中で安心して眠る癖も
自我の垢で身を守るように不潔だった

目的はない
なければないほどいい

囚われの才覚を
閉じ込めたのは自分だ
旅はそれを教えてくれる

PRESENT

お買い上げいただき、ありがとうございます。
よろしければ官製ハガキに以下のアンケートをご記入いただき、投函いただければ幸いです
(メールでも受け付けております。メール・アドレスはmail@brownsbooks.jp)。お送りいただいた中から抽選でご希望のプレゼントをお送り致します。発表は発送をもって代えさせていただきます。
ご記入いただきました個人情報については、許可なく他の目的で使用することはありません。
締め切りは、2015年12月31日消印有効です。

・佐野元春サイン入り『Movilist』本誌 (3名)
・『Movilist』佐野元春表紙オリジナル・ポスター (30名)
・『Movilist』オリジナルTシャツ (30名)

アンケート質問内容です。はがきの裏面にご記入お願いします。
1 / 今月号で面白かった記事を教えてください。また、その理由を教えてください。
2 / よく購入する雑誌を教えてください。
3 / 旅、移動する際に必ず持っていくアイテムを教えてください。
4 / 旅、移動する際に欲しいアイテムを教えてください。
5 / MOVILISTで取り上げてほしい人を教えてください。
6 / MOVILISTで取り上げてほしい場所、街、国を教えてください。
7 / MOVILISTへの感想、要望、意見など、教えてください。

INFORMATION

今号で、編集長・山崎が、「佐野元春と往くロンドン」、「沖縄・八重山諸島を毎日、移動する愉しみ」、「会津若松、日本酒と鶴ヶ城と」撮影で使用したのは〈SONY〉「DSC-RX100M3」。コンパクト・ボディはそのままに、新開発24mmの明るい大口径レンズと高精細有機ELファインダーを搭載。大型1.0型センサーのハイエンド・コンパクト。世界初のガラス非球面レンズ接合技術により、大口径化と小型化を両立。広角24mmのZEISSレンズ。高い質感描写を実現する1.0型CMOSセンサーと新世代画像処理エンジン。ZEISS Tコーティングを採用した有機ELファインダーを内蔵。山崎のコメントです。
「個人的にずっと使ってたんですけど、どれだけフットワークを軽く『移動』を収められるか？がポイントの雑誌なので、コンパクトなのに高画質の『RX100M3』はピッタリです。また『M3』に搭載された180度チルト可動式液晶モニターが今回大活躍。ロンドンの街路を歩く佐野さんをアンダーの地面目線から撮れたりして、より『移動感』が出ました！」

デジタルスチルカメラ「DSC-RX100M3」(オープン価格)
〈ソニー〉tel.0120-777-886
(携帯電話・PHS・一部のIP電話からは050-3754-9555)
www.sony.jp/cyber-shot/rx/rx100m3

FROM EDITOR 編集長・山崎二郎

移動主義者。週末野球選手。好きな言葉は「ダメ元」。movilist / weekend baseball player / favorite word is "nothing to lose".
65年、埼玉県草加市生まれ。浪人し、偏差値38からの大学受験。89年、明治学院社会学部卒業。在学からアルバイトしていたタイ料理レストランでそのままフリーター。90年、クラブ・イヴェント『クラブ・クール・レジスタンス』を主宰。91年、イヴェントと連動したフリーペーパー『プレス・クール・レジスタンス』創刊。92年、インディペンデント・マガジン『バァフアウト！』創刊。書店、レコード店に直接納品。99年、ベースボール・クレイジーが高じてベースボール・マガジン『ボールパーク』創刊するも4号で撃沈。08年、「挑戦し続ける大人たちへ」をテーマにした『ステッピンアウト！』を不定期刊行で創刊。同年、ミドル・テンポでメロウな質感の曲が好きが高じて、自身で選曲するコンピレーション・アルバム「ミドル&メロウ」シリーズがスタート。以降8枚を各レコード会社よりリリース。同名DJパーティもスタート。15年より〈京都精華大学〉ポピュラー・カルチャー学部にて、「インプットからアウトプットへ〜現場主義の編集講座」開講。

CONTENTS

ALL ILLUSTRATION　早乙女道春 MICHIHARU SAOTOME

ALL DESIGN　成瀬真也奈 MAYANA NARUSE

PUBLISHER & EDITOR-IN-CHIEF　山崎二郎 JIRO YAMAZAKI
[twitter]twitter.com/jiroyamazaki　[facebook]www.facebook.com/yamazakijiroyamazakijiro

PRODUCER & MEDIA REP.　小林由起夫 CHUCK YUKIO KOBAYASHI(IAMG)

PRODUCER　富藤元一 MOTOKAZU TOMIFUJI

EDITOR　岡田麻美 ASAMI OKADA

CONTRIBUTING EDITOR　小林真理 MARI KOBAYASHI

EDITORIAL ASSISTANT　長瀬 海 KAI NAGASE

PRINTING　株式会社 シナノ パブリッシング プレス

Movilist ムーヴィリスト　ACTION 2 / SUMMER 2015
2015年8月1日第1刷発行
2015年8月25日第2刷発行

発行・編集:株式会社ブラウンズブックス 〒155-0032　東京都世田谷区代沢5-32-13露崎商店5F
tel.03-6805-2640, fax.03-6805-5681, e-mail mail@brownsbooks.jp

Published by Brown's Books Co., Ltd.　Tsuyuzakishoten 5F, 5-32-13 Daizawa, Setagaya-ku, TOKYO,JAPAN. Zip 155-0032
[facebook]www.facebook.com/movilistmagazine　[twitter]twitter.com/movilist

発売・営業:株式会社　幻冬舎　〒151-0051　東京都渋谷区千駄ケ谷4-9-7　tel.03-5411-6222, fax. 03-5411-6233